竹乡记忆

钟建明 书

程维新 ◎ 著

北方文艺出版社

图书在版编目(CIP)数据

竹乡记忆 / 程维新著. -- 哈尔滨：北方文艺出版社，2022.4
ISBN 978-7-5317-5444-2

Ⅰ.①竹… Ⅱ.①程… Ⅲ.①散文集-中国-当代 Ⅳ.①I267

中国版本图书馆 CIP 数据核字(2022)第 019885 号

竹乡记忆
ZHUXIANG JI YI

作　者 / 程维新

责任编辑 / 李正刚　　　　　　装帧设计 / 书香力扬

出版发行 / 北方文艺出版社　　网　址 / www.bfwy.com
邮　编 / 150008　　　　　　　经　销 / 新华书店
地　址 / 哈尔滨市南岗区宣庆小区 1 号楼
发行电话 / (0451) 86825533

印　刷 / 成都兴怡包装装潢有限公司　　开　本 / 880mm×1230mm　1/32
字　数 / 150 千　　　　　　　　　　　印　张 / 7.25
版　次 / 2022 年 4 月第 1 版　　　　　印　次 / 2022 年 4 月第 1 次印刷
书　号 / ISBN 978-7-5317-5444-2　　　定　价 / 50.00 元

作者向客人介绍安吉一科普馆展品

作者与中科院院士欧阳志远合影　　　　作者与中科院院士秦大河合影

作者与中科院院士李林合影

作者与《人民政协报》资深记者高志民合影

作者与中科院老科学家科普讲师团成员潘习哲（左）、陈洪（右）合影

参加浙江省科普作协科学文艺创作委活动（前排左四为赵宏洲老师，二排右三为作者）

序

有益的探索

赵宏洲

  我和维新曾在同一系统工作，由于彼此对科普工作的热爱，时常也有交流。以此，维新有新著《竹乡记忆》出版，嘱我写几句话，而我想为朋友吆喝一下，于情于理也是应该的。当我通读他发来的大作后却犹豫了，因为其文水平放在那里，又岂用得着我来吆喝，于是给维新发微信谈了我的想法，不过维新并没有放弃。当我得空再次阅读了文稿后，感到有个问题倒可以借此与维新做番探讨。

  这就是有关科学文化的问题。维新说他写作的目的是"写一写反映我们竹乡山区老百姓特有的生产、生活方式的文章，体现深爱着的家乡之特色，让更多人了解家乡，了解家乡的乡亲父老，了解家乡的风土人情，了解家乡的风俗习惯，展示家乡人民的高超技艺和聪明才智，颂扬山区百姓的诚朴、善良、勤劳、勇敢和智慧"。概括起来，就是他想细细地挖掘和体味家乡的文化，同时给予传播和弘扬。值得我关注的是，这是一个科普工作者眼中的文化，自然与科学文化发生了关联。

2014年，我在编写《徘徊在科学边缘》这本书时，发现自己的很多思考其实一直围绕着科普的终极目的，换言之就是怎样传播普及才能更有效地达到科普的最终目标。既然科普的最终目的是提高公众的科学素养，回过头来对现有的科普或科学传播，无论内容、形式和传播路径是否应该重新审视，并需要做何种改变，这些都是当下亟须解决的。由此我开始关注起科学与文化的关系。

举个例子，当下人们一提起科普，从内容上看大概率还是指向普及科学知识，尽管在普及传播中手段更加现代化，形式也更加多样，但上百年来的科普内涵并未有大的改变。在普及传播科学知识方面可谓是声势浩大，从小学到大学的教育中就占了很大比例，剩下的也为大众媒体所承担，包括时兴的新媒体也在做。可是我们不得不承认，公众的科学素养并没有想象中那样快速提升，包括一些伪科学甚至反科学的现象依然存在。可见知识无法独自承担提高公众科学素养的重任。就像在学校读了很多书，毕业工作后那些学过的但又用不上的知识都进了被记忆遗弃的仓库。事实上，随着人类的认知水平提高，科学知识也有个发展变化的过程,科学知识并不是终极真理,不能被迷信。这是另外一个话题了,在此就不展开了。

所以,提高公众的科学素养,不是仅靠普及科学知识就可以的,还需要科学思想和科学精神的弘扬和培育,而科学思想和精神就是科学文化的重要构成。科普创作的努力方向有多个,最重要的是科学文化的传承与弘扬。要实现科学报国、科技创新,除了学习先进的科技知识,科普还需要营造一种文化氛围,一种科学文化的氛围。

虽然人们对文化有不同的理解,比如当下对文化据说就有两百多种解释,但基本认同文化对人类社会有着广泛而巨大的影响,就像空气和水对人类的影响一样,它影响到每个人的生活习惯和性格学识,也影响到人类的种族文明和未来发展。文化的内涵极其丰富,从人类初期的狩猎和农耕文化开始细分到现今的林林总总各式各样的文化,科学文化只是其中的一种。众所周知,近代科学源自欧洲,自然与那里的科学文化有着很大关系,最显著的例子就是蕴含着浓郁科学文化的欧洲文艺复兴运动对近代科学的巨大影响。

自西学东渐以来,通过学习借鉴引入等手段,科学文化已经逐渐融入传统的中国文化之中。需要检讨的是,在中国的传统科普中对科学文化的认识还非常浅薄,其实这也不仅仅是科学文化,包括传统文化等在许多匆匆奔向现代化的人眼里就像路边野草尘土一般。我曾在一篇文章中呼吁，科普作家应该成为科学文化的传播者，而不仅仅是科技知识的普及者。我觉得这也是新时代新科普对科普作家的新要求。

2016年，省科普作协组织调研组做了一个《浙江新兴休闲产业及科普资源的现状及对策研究》的课题，其目的就是在新兴的休闲业态中，如何科学地驾驭、引导、普及其中蕴含的科学知识，在群众中提倡科学休闲、健康休闲，从而提高公众的科学素质。这些新兴的休闲产业包括休闲旅游产业、新兴的运动休闲产业、新兴的餐馆休闲产业、新兴的高科技休闲产业及养生催生的产业。休闲、旅游产业有特色小镇游、休闲农业、各类节日游、著名会议场馆游、旅游科普基地游、列入世界文化遗产的各类景观游等。新兴的运动休闲产业有健身馆、漂流、蹦极、攀岩。新兴的养生休闲产业有养生馆、足疗、休闲医疗养老院。新兴的餐饮休闲产业有咖啡馆等。新兴的高科技休闲产业有VR（虚拟观察）馆、电竞馆、桌游吧、网咖、4D影院、意念赛车等。维新也参与了这个课题的调研。

这些休闲产业基本属于文化的范畴，调研组就是想在这些文化产业中培植科学的元素，寻找科学与文化结合的途径。而今，维新又从另外一个视角切入做了新尝试，正如他文中所说："我的最初的想法是希望写一些散文，回忆回忆过去，彰显彰显家乡人民的勤劳和智慧。后来发现，这些文章，如果离开了必要的说明，外地读者不一定能够理解，于是，本人另一个身份也就很好地参与了进来，那就是'科普工作者'或者'科普作家'的身份，所以，现有的文稿，多了不少的说明性文字，加塞了这些内容后，越来越有滑向《天工开物》的趋势，所以文稿既有一定的文学性，又有很强的科普性。"

  说实话，维新的新著不仅让我大开眼界，学到了许多知识，同时也给我带来很多感受。我想，作为一名科普作家，若要真正成为科学文化的传播者，一定要学习了解借鉴有关文化知识，在这方面，维新已经做出了有益的探索，我为之点赞。

2021 年 4 月于杭州

  赵宏洲，高级编辑，浙江省科普作家协会副理事长兼秘书长。著作有《永远的蓝色》《追寻新闻》《徘徊在科学边缘》等。

自序（一）

倾情写出家乡的特色来

我出生在浙江安吉。

安吉位于浙江省西北部，处于长三角的中心位置。上海、南京、杭州、合肥、苏州、宁波以及常州、无锡等大都市，就在安吉的周围，安吉实在就是一枚"都市群中的'绿色之珠'"！

天目山区是一个竹的海洋，安吉是世界著名的竹乡。安吉人种竹、护竹、养竹、用竹，达到了世界最高水平，所产的商品竹占全国的25%，竹制品产值占比更高，有的年份超过全国的三分之一。世界竹类专家间流行一句话："全球毛竹看安吉。"

作为竹乡的代表，安吉人的许多风俗习惯、传统技艺，都与竹子有关，也代表了竹乡地区的特色、天目山区的特色。这些特色，有许多明显区别于其他地区，但也有与其他地区相近或者有着相类似的方面。正好像"鹤，立鸡群，亦有红冠、双羽"！

有句话说得绝妙："越是民族的就越是世界的！"竹乡人民的民俗民风具有显著的地区特色。

我是竹乡的儿子，我热爱毛竹，深爱家乡！这种爱，随着年龄的增长，越陷越深，越来越浓，而且几乎不再是人与物的情感，也超越了人与人的情感范畴，呈现出了人与神的互通、互动、互融，达到了神领心会、共同意念的息息相通。

我早就有意向，写一写反映我们竹乡山区老百姓特有的生产、生活方式的文章，体现家乡之特色，让更多人了解家乡，了解家乡的乡亲父老，了解家乡的风土人情，了解家乡的风俗习惯，展示家乡人民的高超技艺和聪明才智，颂扬山区百姓的诚朴、善良、勤劳、勇敢和智慧。

我从身边的人和事开始揣摩、思考、提炼，在退出领导岗位前后的三四年间，利用工余时间，撰写了26篇"竹乡记忆"系列民俗散文，约8万字，部分文稿在发表时，由于版面受限，做了删节处理。

在编辑本书时，将这一部分作为第一部分列出，称之为"竹乡记忆"系列民俗散文。

26篇民俗散文，相关的内容可以分为几个类别。

有一部分是写家乡富有特色的生活习惯的。比如《"七情六欲"讲"方圆"》是写竹乡人民制作和使用竹筷的传统习俗；《贵客来了请沐浴》是写山区的人们洗澡的习惯；《千锤百揉年味来》是写山区过年时利用水碓舂米做年糕的风俗;《小小砂锅暖万家》是写山区就餐时较多地使用砂锅炖菜的习俗;《鲜脆腌菜伴隆冬》介绍冬天制作"大缸腌菜"的情况;《此物老来更俊俏》介绍家乡人民制作和食用"汉菜梗"的特色;《清明时节青团香》是描写清明时节制作和食用青团子这一民间习俗;《红红火火御寒冬》描写了家乡冬天取暖的方式;《四季香茗迎宾客》介绍在石灰罂内存放茶叶的方式。

有的是写家乡特产的。家乡的特产,有的早就扬名海内外,比如"天目笋干""天目绿茶""嫩竹纸张""香粉"等;也有一些"深在闺中无人知"的,比如竹制罐头,只供当地人生活使用,几乎尚未成为商品。这部分文稿中,《林下柔丝奉洁净》介绍"竹根洗帚"的制作使用方法;《新竹蜕变展妙文》介绍用嫩毛竹造纸的技艺;《山民智慧满罐盈》介绍用毛竹制作各种器皿的技术;《天目笋干香四海》介绍天目山特产"天目笋干"的制作特色;《清香源自"木水火"》介绍香粉的生产工艺。

这一系列民俗散文,通过文学的语言、形象、笔调、结构,兼用科普的手段和技巧,大量介绍具有山区特色的生产技术,包括介绍拖毛竹、钩梢、捏油、撬毛竹、撑毛竹、做毛料等。好在我小时就生活在这些环境中,目睹了山区老百姓的一举一动,感受到山民们劳作时的心情,甚至还有很多活是亲自参与过、尝试过的,不然的话,有的细节是绝难描写出来的。比如拖毛竹经过"石坞坎"一段:"它是途经一段十分平坦的石头路之后出现的一个石坎。左边是一条小河整日里哗哗流淌着山水。石坎的右边是一面石崖,沿着石崖修筑了一条山路。下坎的道路一个大转弯,而且很快就又是下一个陡坡,如果拖毛竹的人个子稍矮点,速度慢一点,毛竹的半中腰就会搁在转弯处的一块大石头上,出现'两头翘'的情况。那时,拖毛竹的人就要采取措施,加以避免,提前加速是最好的办法。倘若不巧碰到了这种情况,还得想办法将毛竹慢慢地往前移动,将重心移到前半部分后,才能继续往下面走。"只记得小时候,有很多人在讨论那个地方拖毛竹难,但又说不出难在哪里,我多次在那里来回观察,并细细思考,终于找到了缘由。

还有一部分文稿是写当地生产、生活环境的。如《古道悠悠连长天》是写山区古村落常见的石砌路的;《"咯噔咯噔"走天下》是写独轮车的结构和使用情况的;《觅果饮露满山逐》推介竹乡饲养"竹林鸡"的独特方法;《柔软草鞋踏林间》介绍山区制作和使用"草鞋"的特色等。

在这些民俗散文中,《灾年天赐救命米》是一篇特殊的散文,反映的是一件比较独特的事件。讲得是在1960年代初,全国"三年困难时期",天目山区发生了"箬米救命"的奇事。平常年份,箬竹不会结籽,然而1961年,天目山区独有的箬竹开花结籽，漫山遍野，接连不断，让许多濒临饿死的山民吃到了跟大米差不多的箬米，渡过了难关。

一些文友看了"竹乡记忆"系列民俗散文，很感兴趣，夸它与《天工开物》有异曲同工之妙，是一部现代版的《天工开物》。我可不敢拿它与《天工开物》做比较。我的最初想法是希望写一些散文，回忆回忆过去，彰显彰显家乡人民的勤劳和智慧。后来发现，这些文章，如果离开了必要的说明，外地读者不一定能够理解，于是，本人另一个身份也就很好地参与了进来，那就是"科普工作者"或者"科普作家"的身份，所以，现有的文稿，多了不少的说明性文字，加塞了这些内容后，越来越有滑向（不敢说靠向、接近）《天工开物》的趋势，所以文稿既有一定的文学性，又有很强的科普性。

"竹乡记忆"系列民俗散文，在撰写过程中就得到了文学界、科普界各位老师和文友的关注和关心，部分稿件初成，就陆续被《浙江科学文艺》杂志、《湖州日报》"苕溪"副刊、《东方散文》、《竹乡文学》报、《行者》杂志、科普文化交流网等媒体选录发表，在此，谨对赵宏洲、卢曙火、徐惠林、朱敏、周福荣、吴优赛、人青木每等老师和文友、同学表示衷心感谢！

本次收入集子的文稿，基本保持了发表时的结构，部分段落和文字做了些许调整。也有部分文稿，当初发表时部分被删，这次也适当做了补充。

  本书分为两个部分,除了"竹乡记忆"系列民俗散文,第二部分选取了11篇散文,从一个村,一个景点或者一个方面,或者一个人,或者一件比较典型的物品,反映竹乡发展变化进程,就叫这一部分为"竹乡小景"吧。这些小景,散落在天目山区,点缀着大美家乡,解读了它们,更有利于解读天目山、竹乡,有的文章,虽然字少文短,却是我心中的至爱。

  《竹乡记忆》文集,宛如猛进不回的苕溪水,有飞瀑,有缓流,有激浪,全是我感情的自然流露,是流淌的情怀。

  谢谢读者的厚爱,拜托读者能提出意见和建议,为今后再版提供完善依据。

2021年3月于都市群中的"绿色之珠"安吉

自序（二）

神秘的天目山脉

在浙江省西北部，与安徽省、江苏省交界处，有一条蜿蜒高高的绿色屏障，它不仅有效地阻挡了来自东海的狂风暴雨，而且迅速地提升了西面地域的高度，它就是天目山脉。

天目山脉大致包括浙江省的安吉、临安、德清、余杭、吴兴、长兴，安徽省的歙县、绩溪、旌德、宁国、宣城、郎溪、广德，江苏省的溧阳、宜兴等县市（县级）区。有的是全部，有的是局部。

天目山，古名浮玉山。"天目"之名始于汉。天目山有东西两高峰，峰顶各有一池，长年不枯，左右相称，类似双眼。山脉高处，有双目仰望苍穹，故得"天目"之名。天目山属中国古老山地之一。呈西南向东北走向，南北长200公里，宽约60公里，海拔1000米以上山峰有72座,故有景区"大汉七十二峰"。主高峰龙王山,海拔1587米,在安吉县境内,是天目山脉最高峰,浙北第一峰。经过漫长岁月的累积,龙王山顶原有的大水池,现已华丽变身为广阔浩渺的沼泽地——千亩田。仙人顶海拔1506米,位次。

天目山林木繁茂,素有"天目千重秀,林木十里深"之说。"大树华盖闻九州",天目山脉的大树华盖与黄山的奇峰怪石、庐山的匡庐飞瀑一样享有盛誉,是著名的避暑和游览胜地。

天目山脉,地质古老,山体形成于距今1.5亿年前的燕山期,是"江南古陆"的一部分;地貌独特,地形复杂,被称为"华东地区古冰川遗址之典型";峭壁突兀,怪石林立,峡谷众多,自然景观幽美,堪称"江南奇山";特殊的地形和悠久的佛教文化促使该区域动植物的遗存和植被的完整保护,成为全世界的一大奇迹,是我国中亚热带林区高等植物资源最丰富的区域之一,由此而言,天目山还是一座"佛山"。

天目山脉地处中亚热带北缘,受独特的山体影响,形成冬暖夏凉的小气候,年平均气温14摄氏度。林木茂密,流水淙淙,造就了丰富的"负离子"和其他对人体有益的气态物质,空气中"负离子"含量达每立方厘米10万余个,居同类风景名胜区之冠。

天目山脉有许多特有物种,以"天目"命名的动植物有85

种。其中天目铁木,全球仅天目山遗存5株,被称为"地球独生子"。此外,香果树、领春木、连香树、银鹊树等均为珍稀濒危植物。自然保护区内,国家珍稀濒危植物有35种,有种子植物1718种,蕨类植物151种,苔藓类植物291种。茂密的植被进而庇护了云豹、黑麂、白颈长尾雉、中华虎凤蝶等37种国家级珍稀保护动物,保护区内计有兽类74种,鸟类148种,爬行类44种,两栖类20种,鱼类55种,昆虫已汇编名录者达2000余种。尤其是最高峰龙王山,它汇集了同一纬度内从低海拔到高海拔各级层次的多门类、多品种动植物。天目山脉是"物种基因宝库",被中国科协等单位授予"全国科普教育基地"和"全国青少年科普活动中心"。1986年,成为国家级森林和野生动物类型自然保护区。2018年,设立浙江"安吉小鲵"国家级自然保护区。

天目山脉,区域辽阔,居住的居民,其先民来自祖国的四面八方,是典型的外来移民聚集区。因此,各类文化、各种生活习惯、多种类的民俗民风,在此聚合、交融。南北结合、东西汇聚,形成了丰富多彩的生活习俗,天目山区普遍存在"一坞(四面高中间凹下的地方,当地很多地名带有坞字)有百姓""一村不同音"的状况,团结默契的移民生活,多彩纷呈。

天目山还是太湖、黄浦江的源头,是吴越民族的发祥地。

天目山,还有许多未被人知的众多神秘,似一位少女,等待着英俊帅哥，撩开她的面纱，展露她俏丽的面庞和婀娜的身姿。

用笔者依弘一法师《送别》所作的《天目山》结束本文：

杭城外，皖浙边，毛竹翠连天。游者无畏斜阳残，夜宿山中山。
皖之南，浙之北，执手一村落。峭壁柔水勤与欢，纵情无冬寒。
杭城外，皖浙边，毛竹翠连天。追寻古道何时还，登攀又徘徊。
皖之南，浙之北，执手一村落。千百生灵同堂聚，探者骚客多。

2020年4月于安吉

目 录
CONTENTS

◇ 竹乡记忆

粗活细作显智慧——"拖毛竹"篇 …………… 002

笑看竹梢天上来——"钩梢"篇 …………… 010

天生我材必有用——"毛料"篇 …………… 016

守财发展两相宜——"捏竹油"篇 …………… 022

"七情六欲"讲"方圆"——"竹筷"篇 …………… 027

林下柔丝奉洁净——"竹根洗帚"篇 …………… 033

山民智慧满罐盈——"竹罐"篇 …………… 038

柔竹助君担道义——"扁担"篇 …………… 044

山里汉子的舞蹈——"撬筏"篇 …………… 049

乘风破浪会有时——"撑筏"篇 …………… 054

天目笋干香四海——"笋干"篇 …………… 063
新竹蜕变展妙文——"嫩毛竹造纸"篇 …………… 069
觅果饮露满山逐——"竹林鸡"篇 …………… 075
柔软草鞋踏林间——"草鞋"篇 …………… 082
贵客来了请沐浴——"浴汤浴"篇 …………… 088
千捶百揉年味来——"水碓打年糕"篇 …………… 094
清香源自"木水火"——"水碓舂香粉"篇 …………… 102
"咯噔咯噔"走天下——"独轮车"篇 …………… 108
小小砂锅暖万家——"暖锅"篇 …………… 115
鲜脆腌菜伴隆冬——"大缸腌菜"篇 …………… 119
此物老来更俊俏——"汉菜梗"篇 …………… 124
古道悠悠连长天——"石砌路"篇 …………… 129
清明时节青团香——"青团子"篇 …………… 133
红红火火御寒冬——"冬天取暖"篇 …………… 140
四季香茗迎宾客——"石灰甏储茶"篇 …………… 146
灾年天赐救命米——"箬米救灾"篇 …………… 151

◇ 竹乡小景

唯等淘者纷纷来 …………… 158
双一的红旗我的红 …………… 162
云端街市 …………… 167

两湖之间尚梅村……………………………………… 174

徜徉在科普大观园……………………………………… 180

来吧，畅游孝丰垭子…………………………………… 186

美丽的铺垫……………………………………………… 190

补丁记忆………………………………………………… 196

抚慰人生的大手………………………………………… 200

竹　鞭…………………………………………………… 202

探源"竹林鸡"…………………………………………… 205

竹乡记忆

粗活细作显智慧

——"拖毛竹"篇

读著名作家茹志鹃的小说《百合花》是一件愉快的事。小说开头有一个细节,不知道有没有引起您的注意。说的是文工团创作室的几个同志,要分派到各个战斗连去帮助工作。团长叫一个通讯员送"我"到前沿包扎所去。当"我"问通讯员哪里人时,他说是天目山人。问他在家时干什么,他说"帮人拖毛竹"。接下来一段话,描述了拖毛竹的情景:"我朝他宽宽的两肩望了一下,立即在我眼前出现了一片绿雾似的竹海,海中间,一条窄窄的石级山道,盘旋而上。一个肩膀宽宽的小伙,肩上垫了一块老蓝布,扛了几枝青竹,竹梢长长的拖在他后面,刮打得石级哗哗作响。……这是我多么熟悉的故乡生活啊!我立刻对这位同乡,越加亲热起来。"

在上海出生，在杭州、德清读书，随后参加新四军的作家茹志鹃，对天目山区最平常的劳作——拖毛竹，一定是见过的，感觉也一定很熟悉。

天目山区，毛竹管理为"两年一度"制，砍伐毛竹也分大小年。砍伐毛竹这一年，就叫作"大年"，第二年不砍伐毛竹，称为"小年"。"毛竹大年"大批量地砍伐毛竹，季节性很强，一般是从这一年的白露开始，到第二年的清明以前。这三四个月时间，天气总体上比较寒冷。砍下来的毛竹，要从山上拖下来，集中在某处，等待销售。从前，很多山区没有通公路，毛竹山由大队或各生产小队统一经营，毛竹销售也只有通过水运竹筏一个渠道，因此，拖毛竹的时间也就集中在一个阶段。这个阶段，常常是几个生产队，每天几百号人，汇聚在一条窄窄的山路上，拖毛竹的队伍你追我赶，真可谓声势浩荡。

拖毛竹前，要做好充分准备。

首先是道路的准备。先要在毛竹山附近选择一块至少比较平坦的地方，作为毛竹堆场，存放刚从山上砍下来或是从很高的山上放（滑）下来的毛竹。再从堆场沿着拖毛竹的山路自上而下，模拟拖毛竹的动作，拖毛竹的人每一步可能踩在哪里、毛竹梢将会打哪里经过，都要估摸准确。脚会踩到的地方，如果是凹地，那就要用石头垫起来；如果是高地，就要将它挖掉。竹梢滑落的地方，如果落差太大，或是在狭小的山沟上横上一枝毛竹，或是在比较宽阔的溪流上搭个架子，以此来减小落差。有的地方，临近悬崖峭壁，道路无法改变，即使搭个架子也没用，那就需要拖毛竹的人自己好好把握了。

再是工具的准备。茹志鹃笔下"肩上垫了一块老蓝布"的介绍，实在过于简单。其实，拖毛竹需要有专门的工具。垫在肩上的叫作"垫肩"，或者"垫布"。它是一块厚厚的而且比较柔软的多层长方形布垫，将它垫在肩上，可以减少毛竹对肩膀的直接刺激。

一根撑杆，粗细以手握得住为标准，以脚到肩部高低确定长短，大头朝上，顶端要稍稍削砍，形成一个凹口，以便撑得住毛竹。往前走时，可以用它来帮助双脚支撑或者往前使力；停下来时，可以直接撑着毛竹，让人放松休息。

还有一件工具，这是拖毛竹特有的工具，安吉山区的山农形象地称它为"老鼠"：一个用许多股布条、稻草、藤条绕成的宛如拳头的大布团子，非常牢固。布团的两端各有一根长短不一的藤布条子，也需要很牢固，短的这一端，还专门做了一个扣，可以让另一端的布条子从这个扣子中穿过；长的这一端藤布条接上一根细麻绳，麻绳末端再连着一根竹制的钩子。这件物品，摊放开来，假如把布团看作身子，一头短的看作头，一头长的看作尾巴，与老鼠的形态结构十分相似，它完全具有艺术品的特征。在使用时，长的一端穿过短的一端的绳扣，形成一个软圆环，这个圆环套在作为拖杆的毛竹上后,再将钩子勾住捆毛竹的篾圈,当布团扣在肩膀上往前使劲时,软圆环就紧紧地缚在毛竹上,钩子拉扯着篾圈,布团紧扣在肩膀前面,都用上了力,对拖毛竹的人来说,帮助极大。这些工具,目前,在安吉山区一些农村文化礼堂都有展示。

拖毛竹,在竹乡山区,属于一项粗活,男女老少都能参与。由于它群众性很强,人们也就常常将拖毛竹的人与憨厚、老实,只会做事、很少说话的印象紧紧地联系在一起。其实,拖毛竹在使劲使力的过程中,还蕴含着一些大智慧和大技巧,憨厚、老实哪里能代表得了拖毛竹人的特征哟。

捆毛竹是一项技术活,需要专门的人来完成。他要根据当天拖毛竹的人的实际情况决定每一捆毛竹的多少,需要有统筹的能力。有妇女参与的,三根一捆或五根一捆;假如完全是正劳力参与的,那都是七根以上,甚至十一二根一捆,最重的会达到四五百斤。捆毛竹的时候,先要做一个三脚架,将几根毛竹的蔸头放到架子上,再选一根粗大的毛竹当拖杆,就是直接放在肩膀上的那一根,其他几根紧紧地围在它的周围。一捆毛竹需要套两道竹篾,一道黄篾靠向竹梢这头,一道青篾靠近毛竹蔸头。拖毛竹用的"老鼠"尾巴上的钩子就是紧紧地勾在青篾上的。如果是大捆的毛竹,青篾还要编成一个花样,竹篾穿插着套进毛竹捆中,扎紧后会更加牢固,不容易散掉或者脱落。

山里拖毛竹，以稍稍有点斜坡的山路为最省力，拖毛竹的人只要微微前倾，毛竹自然就跟着前行。在平路和上坡路上拖毛竹，那是很费力的事情，不但要用脚猛力地向前蹬，用肩膀使劲地往前拉，还要用撑杆插在地上助力。要是一趟拖的毛竹太重，腰酸腿疼肩膀痛是肯定的。

拖毛竹，有几种情况必须自己认真把握。记得我们原来的生产队毛竹山，有一个山坳叫作"横坞里"，横坞里的出口处取名横坞坎。横坞坎的东南面是一个历经千万年冲刷的深深的水潭，潭水终年碧绿碧绿的，潭深无人准确测量过，据说，一根毛竹直插下去，未能到底。深潭直径在十米左右；岸边的石崖落差超过二十米，石崖上长满了箬竹、蔓藤，只有鸟儿在上面飞来飞去、欢歌雀跃，人和野兽都无法通过。横坞坎的西南侧是一个石头构成的巨大的斜坡，坡地上有一条凿石而成的小路，下山时，只能一个台阶一个台阶地逐级而下。由于水潭深而大，修路时无法搭建架子，毛竹拖下来，只能往下走一步，稍停一下，任由毛竹梢头自由地滑落，待它定住后，再往下走一步，再稍停一下，再任由毛竹梢头自由地滑落。胆小的人，在这种情况下，每走一步都是心惊肉跳的，有时候甚至担心会连人带竹跌入深涧。就这样，多次往复循环，慢慢地下到十几米深的坎下。大人们告诉我，如果发现毛竹直接往很深的方向下滑而去，拖毛竹的人有可能会被倒着拽下去，那是很危险的情况，一定要马上将毛竹扔掉，任由毛竹顺势而去，拖毛竹的人必须做好自我保护。

还有一个地方，叫作石坞坎。它是途经一段十分平坦的石头路之后出现的一个石坎。左边是一条小河整日里哗哗流淌着山水。石坎的右边是一面石崖，沿着石崖修筑了一条山路。下坎的道路一个大转弯，而且很快就又是下一个陡坡，如果拖毛竹的人个子稍矮点，速度慢一点，毛竹的半中腰就会搁在转弯处的一块大石头上，出现"两头翘"的情况。那时，拖毛竹的人就要采取措施，加以避免，提前加速是最好的办法。倘若不巧碰到了这种情况，还得想办法将毛竹慢慢地往前移动，将重心移到前半部分后，才能继续往下面走。力气小一点的人，这时，只能坐在那里傻看、傻等，等有人来了，帮上一把，方能离开。

拖毛竹最要命的是毛竹在半路上突然散开，毛竹一根一根滑落下来。男劳力一般还会重新捆一下，将就着拖下山。大部分女劳力，遇到这种情况，有的会大哭起来，有的也会不慌不忙地将散乱的毛竹一根一根地整理好，等男人们来了，央求他们帮忙捆一下，然后继续拖下山。

拖毛竹基本上是一个人的活儿，他人很难帮得上手。然而，山里的孩子一直喜欢把山里的活儿当作"游戏"看待，而且很希望参与进去，但是常常没有机会。一捆一捆的毛竹拖不动，一根两根大人不让拖。不过，有一种情况，孩子们会高兴地凑上去,帮助大人使劲。那就是在平坦的或者是上坡的山路上,拖毛竹的人最希望有人在后面背起一根竹梢,猛力地向前推送,以减轻负担。我们生产队有一个叫作"横路上"的地方,离村子较近。那是一段有近两里长的黄泥路,先是一段上坡,然后是很长一段平坦的黄泥路,道路中央常常留有许多沟痕,拖毛竹很费力。小的时候,我们几个小伙伴就喜欢跑到那里等着,妈妈、姐姐在毛竹拖过来时帮忙推上一把。一捆毛竹,一个人拉、一个人推,整捆毛竹有时会很自然地有节奏地跳跃起来,在后面推的我们感到很好玩。我们把那个地方称之为"拖毛竹季节的乐园"。

拖毛竹路程的远近,是由毛竹山的远近决定的。有的地区,毛竹山到毛竹堆放处,有五六公里,一天只能拖两三趟毛竹,午饭还要带在路上吃。路途近的毛竹山,十几二十分钟就可到达。

毛竹拖出山里以后,全部堆放在一个沿河的较大的场地上。我们生产队的毛竹堆场是一个叫作"岩山头"的地方,位于白坎坞桥上游,岩山坝下游。毛竹在堆场上再重新打捆,然后通过水运,销售出去。不过,这种打捆有一个专用名称——"撬筏(pái)",或者叫作"撬毛竹"。

现在,交通方便了,林道修到了山里,很多地方大货车直接停在山脚就可以装毛竹;有的地方路窄,大货车不能进入,就用小型拖拉机、农用三轮车或双轮车短驳[1]，大部队式的拖毛竹现象现在已经很少见了。

[1] 短驳：短途驳载，指长途运输中改变运输手段的中继驳运，从火车站或港口码头或其他卸货点将货物驳运到货主单位，用简单运具将建筑材料从工地的临时材料仓库驳运到施工现场等。

笑看竹梢天上来

——"钩梢"篇

白露以后,天目山脉,毛竹林中,不时地传出"啪啪""唰唰"的响声,这些声音,在山谷之间,此起彼伏,接连不断。随着这清脆的声响,一枝一枝毛竹梢头,直落在竹林间。山里人都知道,这是竹农在为毛竹钩梢!

春天,毛笋拱出地面,掀翻石头,便全力向上,节节展露,只需五十几天,便已成竹。成竹以后,毛竹的高度大部分在七八米左右,有的也会长到十米以上。到那时,毛竹不再长粗,也不再长高,吸收的养分主要使毛竹更加结实。

天目山区是比较典型的温带气候,夏天炎热,骄阳似火;冬季寒冷,冰天雪地;春秋温情,风清气爽:四季尤其分明。这里,几乎每年冬天都会下雪。冬天一到,鹅毛般的大雪漫天飞舞,沸沸扬扬、潇潇洒洒地飘落到毛竹上,立即附在竹叶子上、竹枝间,然后一层一层地累积起来,一个晚上,一枝毛竹上就会有积雪几百上千斤。毛竹一般有七八米高,有的达十米高,竹梢细而长,稍有积雪,便会头重脚轻,或倒伏,或折断,或破裂,有的甚至连根拔起,横卧或是倒挂在山间。遭遇这样的恶劣天气,毛竹自然损失惨重,林农心疼不已。充满智慧的竹乡人民,经过千百年来的实践、探索,寻找到了一种很好的解决办法,可以避免或者减少损失,那就是给毛竹钩梢。

钩梢是一项技术高、讲技巧,又极其危险的工种。

钩梢需要有一种专门的工具,叫作"钩梢刀"。钩梢刀的结构分为三大部分。

最上面是铁制的部分，就是真正的"钩梢刀"，是由铁匠师傅锤打而成。窄窄长长的刀尖弯曲成钩子的形状，钩里一边嵌入了硬钢，成为锋利的刀刃。这种刀要求制作得相当细巧，刀把子必须与刀尖相匹配，也制作得很细巧。整把刀子，弯弓如钩，小巧匀称，给人一种娇小秀气的感觉。安装刀柄的圆口，比其他砍刀也要小得很多。

将钩梢刀与长柄相连的部分叫"细柄"，或者叫"小柄"。小柄是由一根细长而坚硬的杂木做成的，一端安装在钩梢刀刀把的圆口上，紧紧地固定住，确保刀不会脱落；另一端，用细而牢固的绳子仔细地将它捆绑到钩梢刀的长柄上面。为了防止钩梢刀因为干燥而脱落，在使用前，要将柄安置在刀把上，和弯刀一起浸泡在水中，杂木柄遇水后，膨胀起来，紧紧地与刀把子融在了一起，弯刀就很难脱落了。

钩梢刀的"长柄"，其实就是一根小毛竹，但它可是钩梢师傅精心挑选出来的山中宝物。钩梢季节来临之前，钩梢师傅就要在竹林中转悠，寻找和发现钩梢刀柄。他们总是站在高处，远远地眺望，当发现有细长的毛竹，他们就会狂奔过去。走到近处，再仔细打量，看它的粗细程度、长短如何、是否匀称、是否挺直、有无虫疤等，标准可谓苛刻，真的是万里挑一。有的读者可能对毛竹的虫疤不理解。毛竹是由毛笋长大成竹的，当它还是毛笋时期，有可能被虫子叮咬过，也有可能被鸟啊什么的啄过，虽然它顽强地挺过来了，成了一枝毛竹，但是，它的身体上势必会留下一处或者几处伤疤，这些伤疤，就叫作"虫疤"。有虫疤的毛竹是不能充当钩梢刀长柄的。符合条件的一两枝毛竹被选中以后，师傅们就回家拿来锄头、砍刀，花上一天半日，将这一两枝毛竹连着蔸头小心翼翼地挖出来，用刀劈掉竹丫枝，而且要一直劈到毛竹的顶端，还要细心地将竹蔸头削整齐，然后背到家里（不能放在地上拖）。

回到家，在空旷的院子里，架起一个小火炉，将火烧得旺旺的，然后将精心找寻来的毛竹，架在火炉上，将稍有弯曲的地方就着大火烘烤，烘烤到有点焦味时，用手将弯曲的地方照着相反方向扳过来，努力地将它矫正。经仔细检查，没有缺陷，师傅们就在竹蔸头上绑几块大石头，将这些毛竹小头朝上，悬挂在太阳晒不到的阴凉处，一般要挂上十来天，有时甚至一个月，让它保持挺直的样子。

白露来临，春天出的毛笋已经成竹半年，虽然还是嫩竹，但竹丫枝、竹梢头都已经可以利用了。竹丫枝可做扫帚丝，竹梢头可做扫帚柄。在这样的情况下，就可以给毛竹钩梢了。

晴天，一大清早，一群身材高挑的山民，头戴笠帽，身穿旧衣裤，脚上套着山袜，山袜下面还有一双草鞋。他们背着一支长长的钩梢刀柄，手提一把带着短柄的钩梢刀，肩头挂着盛满饭菜的竹罐，在朝阳的照耀下，健步走在云雾中，走向毛竹林。他们就是一群自信满满的钩梢师傅!

在漫山遍野的毛竹林中,师傅们要一根一根地找寻过去,发现有长长的竹梢的毛竹,就要停下来,站稳脚步,小心翼翼地将钩梢刀伸到毛竹梢头,在距离顶端一米半到三米之间的地方,选准位置,轻轻下拉,毛竹稍有弯曲,呈弓形,紧接着稍稍一松劲,又突然猛力一拉,毛竹在反弹回去的一瞬间,在离地面五六米高的位置已被削断了,一枝毛竹梢便落了下来。毛竹梢掉落下来时,有的像悬挂了降落伞似的轻轻地降落在地面上,有的像离弦的箭直落下来插入林地里,有的因为受到毛竹丫枝的阻挡,向旁边斜滑过去。旁观者见到这种场景,难以料定竹梢的去向,很是害怕,胆战心惊。钩梢师傅就站在毛竹底下,自然有着受伤的危险。但他们仍然有说有笑,动作利落,行动自如,那些竹梢仿佛就是他们手中的玩偶,"啪啪"声后就"唰唰"地掉落在他们指定的位置。他们像魔术师,更是山里毛竹的主宰者!

大部分钩梢师傅一天要钩下六七百个竹梢头,总重量在一万斤上下,可扎八九百个毛料小把子[1],其速度之快,令人赞叹!

别看我们的钩梢师傅在干活时谈笑风生,但他们在整个劳作过程中都得聚精会神。他们动作熟练,操作自如,主要归功于艰辛的训练。他们拜过师、当过徒弟,尤其是还经过了层层的筛选。个子矮小的不行,视力听力不好的不行,手脚有疾的不行,没有力气的不行,只会蛮干的不行……留下来的"精英"才行!

"钩梢"这一种竹林管理办法,完全就是天目山区独创的技艺。江西、福建、湖南都是毛竹重产区,我们将这一办法介绍给他们时,他们一开始几乎全呆了。"哪有这么好的技术?"好在这些地区很少下雪,完全可以不用给毛竹钩梢。许多外地人来安吉旅游,参观了大竹海、天下银坑,[2]想法更是奇妙,甚至有人怀疑,我们天目山人一个个爬到毛竹上,然后一根一根地砍掉竹梢头,毛竹才成为这个样子的。

毛竹钩梢,从白露开始,可以持续到第二年的清明。但天目山区的林农大多在春节前就全部完成钩梢任务。他们总是把事情做在前面,赶着早儿赚钱,春节期间也好安安心心地走亲访友,愉快过节。

[1] 小把子:为了便于操作,在烘烤毛料之前,要将散的毛竹丫枝捆扎起来,大小以双手可握住为标准,这样的一小捆,称之为毛料的小把子。

[2] 大竹海、天下银坑:浙江省安吉县两个以参观毛竹为主的旅游景点。

天生我材必有用
——"毛料"篇

位于天目山区的安吉县是全国毛竹主产地之一,毛竹的副产品自然也很多,毛料就是其中之一。

"毛料",词典中有两个意思:一是指用兽毛纤维或人造毛等纺织成的衣料;二是未经过加工的翡翠原石,即翡翠交易市场中的"石头"。所以,天目山区竹农所称的"毛料",不在词典的解释范围内,算不得正规的名称。怀着对竹乡人民生产生活和竹乡地区风土人情的探秘情怀,笔者曾多方求证,原来,"毛料"是相对于"光料老枝"而言,是对毛竹丫枝一种副产品的称谓。

毛竹的竹枝是制作大扫帚和某些竹工艺品的重要原材料,它供给"下游"企业主要有两种途径:一种是将六年以上的老毛竹砍伐下来,削下竹枝,让竹枝在山间日晒雨淋后自然落叶,再过一段时间,将其捡起,整理后出售给经销商。这种产品,产自老毛竹,竹枝赤条条的,被山民们称作"老枝",它属于"光料"。另一种是钩梢师傅将新生的毛竹梢头削砍下来(钩梢),在其叶子略微有些干枯,但尚未掉落的情况下,人工强迫部分叶子脱落,当场即整理销售。出售时,部分竹枝的少数部位仍然留有一些竹叶,显得比较毛糙,故被称为"毛料",实际上应该叫作"嫩枝"。

"老枝"的加工方法比较简单:在竹林间,将其捡拾起来,折去枝条头上的一小片竹片,整齐地捆扎好,挑着或者背着,或者用汽车、拖拉机装载着去销售就可以了。

"毛料"的加工,是一项技术活,需要有劳力、有技巧、有耐心。一般是男的正劳力担任毛料师傅。

钩梢完成后,被钩梢师傅钩下来的竹梢头散落在竹林里,东一个,西一个。做毛料之前,必须将它们归集到一起。一般这个活就派给女劳力和孩子们来干。

男劳力先在附近山上选择几根篾竹(适合劈篾的毛竹),砍下劈篾,每一根篾条,要劈出三到四层竹篾,这些竹篾是用来捆扎毛料小把的,不要求很长,但需要十分柔软。

准备了一定数量的竹篾以后,毛料师傅在毛竹林附近,选择一处有一定坡度或者有一个小坎的地方,用锄头稍做挖掘,然后两边用石头垒起来,分别垒得差不多高,石头上面再横着架上两根较粗的毛竹，这就是烘烤毛料的"窑"了。

再选用一根细小的毛竹梢头，一米左右的长度，一头保持原状，另一头削去一半，留下一半竹片，形如刀片，这是一种自制的手工去竹叶的竹刀。

归集竹梢头的女工或者孩子们，顺便带来了一些干柴，这些干柴就是烘烤毛料的燃料了。

一切准备就绪。师傅们就开始着手"削毛料"。只见师傅们左手握住竹梢的大头，右手挥着撑筏刀，从大头向小头，将毛竹枝条从竹梢上削下，很整齐地聚拢在一起。其间发出的"唰唰"声，很富有节奏。削完了枝条的竹梢头，也被整齐地堆在另一处。

削枝结束后，师傅们将早已准备好的柔软的细篾悬挂在腰间，双手整理竹枝。枝条摆放得非常整齐，上下两面统一一致，大概有二十到二十五根枝条时，熟练地从腰间抽出一根细篾，捆扎成小把。小把子捆扎得十分牢固。一般，削毛料与扎小把，都在同一个阶段进行，手脚快的劳力，一天可以捆扎四百把以上。倘若日削日清，大多安排上午削料、扎把，下午烘烤、脱叶，因此，午饭就在扎把子结束这个当儿吃了。

小把扎好后，师傅们一般让它在太阳底下晾晒一阵子，使毛竹叶子更加干燥，容易脱落。

由于做毛料的原料实际上是嫩竹的竹枝，叶子本就不易脱落。为了促使毛竹枝丫上的叶子尽可能多地脱落，符合经销商的收购要求，山农们长期以来，都采用火烤、脚揉的办法。你看，师傅们将干柴堆放在事先搭建好的小土窑内，用细软的树叶、松毛、竹丫枝作为引火，引燃窑内的干柴。干柴燃烧起来了，师傅便将一把毛料架在窑上的粗毛竹上，并来回地抽动，使其均匀受热。过了一会儿，毛料的一面着起了火，师傅一把拎起毛料，并将它高高地举过头顶，任由它继续在空中燃烧一会儿，火光仿佛直冲云霄，照得四周一片火红，还能听到"轰轰"的燃烧声。到了一定的火候，"啪"的一声，师傅将正在燃烧的毛料把猛地盖在地上，然后用力地在地上左右前后移动，使其与地面发生强有力的摩擦，火被扑灭了，一面的竹叶也就烧掉了一大半；再翻个面，继续在火上烘烤，稍微带点火苗，再举到空中，继续燃烧，再让它与地面发生强有力的摩擦，另一面的竹叶又去掉了好多；再将毛料把掉个头，这会儿，是原来握手的部位被放到了火上烘烤，小把上略有火苗，师傅就将它往地上猛甩，火扑灭了，这把小把在火上烘烤的程序也就基本结束了。

用火烘烤过的毛料，大部分叶子已经掉落，剩余的叶子也已被烤得焦黄，比较干燥，师傅先是将它在地上猛摔几下，然后用自制的削叶工具竹刀，在毛料把的两面用力地削刮几下，很快，一部分竹叶又飞落下来，一般来说，一把毛料基本完工。但也有需要再加工的，比如有几把毛料，由于烘烤过程中，火候把握不到位，摔、刮之后，叶子还是很难脱落，这个时候，就需要将毛料横卧在地上，师傅坐在一块石头上脱掉鞋袜，光着脚踩在毛料上，使劲地搓揉，将难以拾掇的毛料叶子强制性地搓下来。

用脚搓毛料，那是在烘烤不到位的情况下的一种补救措施。光着脚，踩在硬邦邦的毛竹丫枝上，还要不停地搓揉，粉嫩的脚底板，那绝对经不起三两下折腾的。只有长年不断在山间忙碌的人，亮出其铁脚板，方能使毛料很快地干净起来。值得点赞的是，在山区，那些女青年、老妈子，也都是搓揉毛料的好手，一个个坐在那里，双脚不住地前后移动，两眼看着你，还和你说着笑着，完全像是在从事一种娱乐活动。

将毛料运到山下，传统的方法就是用肩挑下山来。下山的路有长有短，近的一二里路，远的也有超过十里路的。要是没有一点体力，一路下来，气喘吁吁，腰酸肩疼，双手麻木，双脚直打战。挑到收购站或是经销商设置的收购点，称了重量，拿了现金，就算脱手了。

就价格而言，"老枝"价格要比"毛料"价格低得多，主要区别在做工和产品质量上。"老枝"的做工简单，付出少，这是明显的。质量方面，由于"老枝"在落叶过程中，竹丫枝连接竹叶的一段细枝条同时脱落了，而"毛料"上的这一段细嫩枝条没有脱落，在制作成扫帚后，在打扫时起到更好的清洁作用。

在天目山区，嫩毛竹都要钩梢，因此，毛料的年产量都很高，长期以来，毛料脱叶都靠火烘脚揉，生产效率低，劳动强度大。很多地方早在1960年代就开始研究毛料机械化制作技术，1970年代初期，毛料脱叶机就基本普及，降低了劳动强度，有效提高了劳动效率。

为了改善农业生产环境和条件，各地政府积极鼓励山林承包户修筑林道，目前，大部分山区林道已经修到了深山中，毛料、毛竹，在山脚就可以装车运输。于是，毛料制作的程序也有较大的改变。有的林农将钩削下来的毛竹梢头直接用拖拉机运送到村子附近的开阔场地上，再请几个毛料师傅就在这个场地上削砍毛料丝、捆扎小把，加大阳光暴晒的力度。将电源接到场地上，直接用毛料脱叶机脱叶，更加方便，省力省时。脱叶后的毛料也不再三五十把地捆扎，而是用大型打捆机直接打捆。"机器换人"在制作毛料的过程中，效果尤其明显。

做毛料，是利用山区资源，为相关企业提供原材料的一种基本工艺，已经有几百上千年的历史，随着竹类资源的更广泛运用，制作毛料这项工艺还将长期存在下去。当然，随着机械化、现代化水平的提升，工艺流程会有所变化，但其基本原理，仍然不会改变。

守财发展两相宜

——"捏竹油"篇

踏进毛竹林间,你会惊奇地发现,几乎每一枝毛竹上都写有数字和汉字。不熟悉情况的人马上会产生一系列疑问:为什么要写上这些数字和汉字?它们代表了什么?是用什么写上去的?在什么时候写上去的?

给毛竹写上数字和汉字,这个活叫作"捏油",或者叫作"捏竹油"。

毛笋大年的夏秋之交,正值农活淡季,是林农给新生毛竹"捏油"的时节。

山民们到燃料商店买来几斤燃煤(粉煤),倒入一定比例自产的菜籽油,不住地搅拌,使其能够挤出黑色的油质,成为一种油墨。取来早已准备好的一块崭新的布纹较粗、厚实牢固的白布，将油墨包裹并用细绳扎起来，形如一个大大的黑色的面团。如果受到天气等的影响，不能及时使用，还需要在外面包上一层塑料纸或者油光纸，防止油墨干燥，以备随时使用。这种油墨，原材料没有明确的比例，在先辈们看来，只要能在毛竹上写出黑色的字来就可以了。据说，以前有的人家根本买不到或者买不起燃煤，就用自家灶膛里、锅底下、烟囱里的灰煤代替燃煤，制作油墨。捏油所用的油墨包裹叫作"油包"。

天气晴好，微风瑟瑟，能写上几个字被称为"捏油人"的，乘着好天气，穿上山袜、草鞋，腰间系上"刀塞壳"[1]，手里拿着油包，有的还带着午饭，急匆匆地向毛竹山走去。

来到毛竹山脚，捏油人要在每一根当年新长成的嫩竹上做上记号，先从低处开始，依次从山脚向山顶缓慢地移动。

捏油人要在毛竹上做哪些记号呢？

首先要写上年份，表明这枝毛竹是哪一年出生的，但又不可能写得很完整，如1989年出的毛竹，就在最上面写上"89"二字，并排而列。第二部分是户主人的名字，也不写完整，一般就写两个字，姓名总共两个字的，连名带姓全写；姓名是三个字及以上的，只写名，不写姓；如果一个生产队或者附近区域有同名同字的，就写小名、别名或者通过其他文字予以区别。名字上下排列。第三部分是一个"才"字，写在最下面，而且这个"才"

字，写法比较特殊，要将一横正好写在竹节上，并且围住整枝毛竹；竖勾要上下穿过竹节，写得不好，会变成一个"方"字，失去"才"的意义。

为什么利用这个季节捏油？这个问题自幼在我的脑海里游荡许久，父辈们也说不出个所以然。经过分析大量资料，得出的结论是：我们的祖先是"统筹大家"！夏秋之交，田间农活相对比较少，可以有时间用来捏油；捏油用的油墨，拌入了菜籽油，菜籽油具有一定的渗透性，新竹刚刚成竹，竹皮和竹竿内部的纤维密度较低，油墨能很快渗透到竹子之中，不容易被他人刮去，字迹保持长久。如果迟些时候再去捏油，所写的字只能留存在竹子表面，而且容易被刮去。"夏秋之交好捏油。"捏油时机的选择，是经验的积累和智慧的发挥！

捏油这项活，也是一项劳心劳力的费劲事，它不但要抢季节，而且一天也只能为几百枝毛竹做记号，有的大户头需要干上几天才能完成。

捏油有什么作用呢？

记上年份，是为了方便弄清楚竹龄。毛竹有其自身的生长特点，"四年竹"是毛竹出笋的主要力量，一般不让砍伐。"六年竹"才是主要的砍伐对象，毛竹"砍六留四"，这是保持竹林可持续发展的有效原则，不容违反。捏油可以帮助辨别。记上户主名字，目的是防止他人盗伐。所以要求写得有个性、有特色、有差异，可以明显地区别于他人，这样，有人盗伐谁家的毛竹，在现场、在路上、在堆场、在交易市场，甚至在运输车上，一查便知，这是天目山区山民充满智慧传统的守财方法，相当于现代农业管理的追溯体系。写上一个特殊的"才"字，代表这根毛竹是谁家的财产。相传，"才"应该是"财"字，可能为了书写方便，将"财"写成了"才"，并长期延续了下来。个人和家庭财产不容侵犯！"才"字写在竹节上，而且要绕一圈，更能防止偷盗者用刀或其他物件将相关的记号刮去，以更好地维护自己的财产权。

给毛竹捏油，在过去的历史长河里，重要性显而易见。随着山区农民生活水平的快速提高，再加上上山劳作工资提升，加工成本增加，毛竹收入在林农家庭收入中所占的比重愈来愈低，偷盗毛竹等林业资源的现象也明显减少，同时，农业生产的工具创新改造步伐加快，因此，给毛竹捏油的操作方法也有新的大变化。比如油包，现在已不需要燃料煤和菜籽油搅拌自制了，只要到文具商店直接购买几支可代替它的"油笔"就行，而且油笔设计精美，可以放在口袋中随身携带，书写也特别灵巧。再比如，过去捏油，对每一根新竹都要做记号，现在，很多捏油人只对两个户头交界处的新竹捏上油就行，主要是为了防止某些人越界砍伐毛竹，不再以防止有人偷盗为主。捏油所写的文字内容也有所简化，有的户头已将"才"字省去。尽管如此，规规矩矩给毛竹捏油的林农家庭还大有人在，也将会不断地延续下去。

［1］"刀塞壳"：天目山区山民对砍柴刀刀鞘的称谓。它一般由一块圆形木板、一个木制凹槽构件和一根细长的绳子组成。将凹槽构件弓背的方向向外，直接镶嵌在圆形木板上，绳子穿过凹槽构件的两端，系在腰间，根据砍刀由钢铁制成，比木制刀柄重的原理，砍刀塞入凹槽中可以悬挂在刀塞壳上，砍柴刀存放、取用，十分方便。

"七情六欲"讲"方圆"

——"竹筷"篇

　　春节临近,一位老人,身穿羽绒衣,头戴鸭舌帽,手上一副皮手套,口中哈出浓浓的热气,正在院子里忙碌着。他先用一把尺子在一根毛竹上比画一番,紧接着用锯子将毛竹竹节比较长的一段一节一节地锯下来,去掉竹节,使其成为长短基本相近的竹筒子,然后拉过来一把椅子,坐下,面前摆上一段木头,将竹筒子竖在木头上,用刀将它二分之一、二分之一地均匀地破开,直到破下来的竹片基本上成为一厘米见方的方形柱体时,他再用刀将竹条子的一头削成圆形,一头保持原有的方形。不多时,一头方、一头圆的一支支"竹筷"雏形就诞生了。

　　上面的场景,是竹乡人脑海中频频出现的画面,不但抹不去,而且年年翻新。

我们中国人用餐，必不可少的餐具之一筷子，是大家再熟悉不过的，而筷子中的"竹筷"，更是竹乡人民熟知熟用的物件。从小到大，几乎是每日三餐都要用到。然而，关于筷子的来历、制作方式和相关文化，我们很多人还知之甚少。

筷子，最早大约在青铜器时代被称为"梜（jiā）"；从东周一直到唐代被称为"箸（zhù）"，就是在这一时期，筷子传到了日本，日本人至今还将筷子称之为"箸"；宋代至今，均称之为"筷"。

筷子，其材质，以木、竹、牙、骨、铜、金、银、玉为主，不同的阶段具有各自不同的特点。当今，还有人用石头、塑料制作筷子。

筷子的造型，有一端方一端圆，方的一端粗、圆的一端细，圆锥形一段长度稍长、方柱形一段长度略短，被称之为"首方足圆长柱形"；有两端均为圆形且粗细相同的圆柱体形，目前机制竹筷大多如此；有两端均为圆形但首粗足细的圆锥形；有少量的菱柱体形、三角柱体形等。

竹筷的长度，最早是随手拈来，长短不一，后来，逐步规范，尤其是在被称之为"筷"的一个相当长的时期内，朝廷府第和大户人家，对筷子的要求非常严格，规定它的长度是七寸六分。后来，当材质发生变化后，长度也有所变化，特别是金、银、玉、石筷，为了节省原材料，有的筷子长度只有三寸上下。

当筷子成为艺术品、旅游纪念品、节日礼品之后，其材质、造型、长度产生了千变万化，甚至还出现了雕花、铭刻等工艺。其单位，即量词，以"双"为主，偶尔也称之为"副"，单独一支可称为"支"，多双一起可称为"把"或者"捆"，如五双一把、八双一捆。

关于"竹筷"的制作，看起来简单，其实大有讲究。

首先，选择毛竹，要挑选五六年以上的老毛竹，毛竹要挺直，竹节要比一般的毛竹长一点。嫩竹密度太低，容易腐化变质。削竹筷的时间，一般在冬天，冬天砍下来的毛竹，不会发霉变黑。天目山区有春节走亲访友拜年的习俗，每家每户客人较多，也正需要添置筷子，因此，春节前削竹筷是最适宜的。

竹筷的长度，民间还是流传着七寸六分的要求，它暗含着"七情六欲"的意思，这是老祖宗留下的传统，代表着人们的"七情六欲"要符合规矩。当然，实在达不到这一长度，稍微短点也是可以的。

在破竹筒时，也有要求，就是除了竹筒中的凹槽部分外，都要成对成对地破开，讲究一个"好事成双"。实际上，在削竹筷的过程中，也有不小心损坏的情况，但总是要保证交到主人手中的竹筷，一定是成双成对的。

天目山区流行的"竹筷"，长期保持了"首方足圆"的形状。"方圆"乃"规矩"也。其实，"首方足圆"代表了规矩。与前面介绍的"七情六欲"结合起来，可以看出，长期以来，我们的祖辈通过一双竹筷，告诉子子孙孙"七情六欲要讲究规矩"的道理。

"竹筷"雏形出来后，不会马上轻易地让人使用，还要做细致入微的"雕琢"，把可能考虑到的影响竹筷使用的问题一个一个地加以解决。比如两端呈正方形或者正圆形，比较锋利的边缘就有可能伤及嘴巴、舌头或者牙龈等，于是就将两端的边缘削得圆滑一点；竹筷刚削好，本身也不光滑，将竹筷在稻谷堆中不断地插入拔出，循环多次，借助稻谷外壳的毛糙，"锉"尽竹筷外面尚存的细小毛刺。感觉竹筷光滑顺溜以后，还要将它放到锅子里用开水煮一煮。

规范地使用竹筷，实则是开展优秀的传统教育。很多人就是在用餐的过程中提升了对中华优良传统的认识，提高了自身的文明程度。也就是说，用筷的表现，是每个家庭、每一个人文明程度的集中体现。"七情六欲讲规矩"，这是我们从小就开始，贯穿一生的教育。

放筷。吃饭前，家人要根据就餐人数，将筷子等餐具整齐地放在桌上，一般在每个人的餐位前的左边放置酒杯、中间放置饭碗、右边放置竹筷。竹筷要整齐摆放，方头朝着就餐者，圆头朝着桌子中央，如果有个筷架自然更好。在正式场合，不要将筷子放置在碗上，也不要将筷子一头架在菜盘子上。一般情况下，饭吃好后，应将自己使用的筷子和饭碗带离餐桌（有时也可以不带离，比如酒宴等场合）。中途盛饭，不要将筷子带走，以免让人误以为你已吃好，造成难堪。就餐时，随便收拾他人碗筷，有要求其停止就餐的嫌疑，是很不礼貌的行为，因此，未被许可，不要随意帮人收拾碗筷。

动筷。每餐饭开始时，谁最先动筷？一般情况下，要么是一家的主人，要么是这个家族中的最长者。有的小孩子不懂事，喜欢抢先动筷，因此，在大家族，孩子们不让上桌吃饭，或者要求其母亲做好教导、管束。有的人无视规矩，抢先动筷，虽他人当面不说，实际上必有人心中记住这一细节，觉得此人不懂规矩。

有人握筷，直指他人；有人夹菜，东触西蘸；有人习惯用筷子在菜盘里不住地搅拌；有人喜欢用自己的筷子给他人夹菜；有人会用带着饭菜的筷子夹菜；有人会用筷子敲打碗盘；有人喜欢用嘴巴咬住筷子；有人还会不小心拿了一长一短的一双筷子用餐……以上种种，都是不文明用筷的表现。尤其要注意不要将筷子直插在饭碗中，因为据说古时处决死刑犯，给犯人吃最后一餐时，才把筷子插在碗里，跟上香一个意思。

随着历史发展，竹筷也开始了机械化制造，但是，由于大批量生产，一年四季砍伐毛竹，势必需要解决防止虫蛀、竹筷批量抛光等问题，于是，应用化学添加剂浸泡、添加滑石粉等情况随即发生，导致不环保的竹筷充斥市场，那些所谓最卫生的一次性筷子成为最广泛的污染源！因此，我们有必要积极推动健康竹筷产业的良性发展，保持竹筷在人们心目中的良好形象。

  筷子，有其悠久的历史，而且沉积了厚重的文化底蕴，仍然充满着蓬勃的生机和顽强的生命力。展望未来，随着时间的推移，筷子的造型会更加美观，应用面会更广，影响力会更大，文化带动性会更强！

林下柔丝奉洁净

——"竹根洗帚"篇

"世界竹子看中国，中国竹子看浙江，浙江竹子看安吉，安吉竹子问竹农。"安吉的竹子怎么会走在世界的前列？得到最普遍认同的说法是："安吉人把竹子利用得淋漓尽致了！"

此话真的不假。在安吉，一枝毛竹从叶子到细根，几乎全都被利用了：竹叶提炼竹叶黄酮；竹枝制作扫帚等用品；竹竿不用赘言，其用处超出了众所周知的范围；竹蔸头雕刻成各种工艺品；竹鞭既可做名贵箱包的肩带，也可用作奢侈品的配饰；就连从竹蔸头上削下来的竹根，也被竹乡人民利用了起来，织"洗帚"就是它的用途之一。

洗帚，一种使用很广的锅碗瓢盆刷洗工具，有的地方还称之为"锅刷""刷把""刷帚"。

一直以来，山区农家所使用的洗帚，大部分是用细竹条丝捆扎的。这种洗帚，选用深山竹林里的毛竹中上部，经截、劈、破、扎等传统工艺加工制作而成。在天目山区，几乎家家户户都会使用。用洗帚刷洗锅碗瓢盆，干净利索，不伤器皿，洗帚软硬适中，质地柔韧，小巧轻便，清洁环保，能更彻底地清除锅内残存的污垢，同时，降低了金属、塑料锅刷在除污去垢过程中留在锅里对人体有害的残留物的风险。而且，洗帚本身清洗也非常快捷，经久耐用，使用起来得心应手。

竹根洗帚，既保留了竹丝洗帚的优点，尤其令人喜欢的是，它比竹丝洗帚更加耐用、轻柔。

制作竹根洗帚，首先要将林地里的竹蔸头挖回来。毛竹林中，竹农沿着地面将一枝枝毛竹砍伐以后，留下了一个个竹蔸头。它们被深埋在地底下，底端连着一根竹鞭，四周布满了一枝枝向外伸展的竹根。这些竹根，粗细在一到五毫米之间，靠近竹蔸头的一头粗一些；长度在二十到八十厘米之间，倘若不是长在石头堆中，或者高坎边缘，每丛竹根长短、粗细大多显得比较匀称；长得茂密的，一个竹蔸头会有近千枝竹根。竹根的长度和附近的土质，基本决定了挖掘竹蔸头的难度。挖掘一个竹蔸头，几乎要一两个小时。竹蔸头挖掘后留下的坑，直径一般都在两米左右，有的深度在一米以上，一天挖掘七八个竹蔸头，已经很了不起了。竹蔸头挖出来以后，及时敲掉夹杂在竹根中间的泥土。有时，整个儿挖比较困难，就在挖掘的过程中，用刀或斧头将其劈开，分成几块，逐块挖出。连着根的竹蔸头弄干净后，用畚箕挑回家中，堆放在院子里。

接下来，就要将竹根从竹蔸头上削下来。用一把短头的砍刀，最好是砍毛竹的大刀，沿着竹蔸头连接竹根的地方，慢慢地小心而用力地砍下去，竹根一枝枝、一片片地剥落下来，散落在四周。不多久，竹蔸头就成了一个被剃光了毛发的老人头。

将刚削下的竹根，一把一把地放在一块大石头上，用木头锤子不住地敲打，一阵之后，竹根外部包裹着的一层硬壳就脱落了下来，露出了洁白、柔软、细长的竹根，这洁净的竹根，看上去好像是初生的婴儿胖嘟嘟的手脚，甚是可爱。

要是说前面所做的织竹根洗帚的准备工作，是只要有劳力就能干得了的活，那后面的活儿，可就要讲技术了。这里，首先需要介绍一件工具，那就是一个带有凹槽的叫作"篾牵"的东西。篾牵，本来是篾匠师傅所用的工具。在编织传统的竹凉席时，薄薄的竹篾要产生多次的交叉穿插，由于篾片与篾片之间缝隙很小，为了牵引篾片从其他竹篾的缝隙中穿过，需要先插入一根金属薄片，随着这个金属薄片有序地退回，篾片也跟着穿过竹篾间的空隙，完成编织的步骤。这个金属薄片，起到了牵引的作用，被称作"篾牵"。织竹根洗帚所用的篾牵，作用与编织竹凉席时的篾牵差不多，主要是为了牵引竹根穿过其他竹根之间的缝隙，达到扎紧洗帚的目的。竹凉席的篾片是平面的，所用的篾牵也是扁平的，而竹根是圆的，而且，竹根比编织竹凉席的篾片要厚得多，所以，聪慧的洗帚师傅在篾匠师傅使用的篾牵上增加了一个凹槽，使竹根通过这种篾牵的引导很容易穿过竹根之间的缝隙。类似于篾牵这样的小小发明，在天目山山农的生产工具和生活用品中几乎随处可见。

挑选三五十根完整的竹根，在距离竹根一端约二十二厘米的地方，选用一根较长的竹根，将其捆扎起来，尽量扎紧。

确定捆扎牢固以后，师傅用左手捏紧扎好的竹根细的一端，右手将竹根的另一端一根一根从里向外往细的这端弯曲过来，并逐渐地将细的这一头包住，形成一个洗帚柄雏形。

选用一根短而细的竹根，缠绕在洗帚柄的位置，准备用作悬挂洗帚的挂扣。

在离洗帚柄这头七八厘米处，用一根长长的竹根捆扎起来，用篾牵引其多次穿插，捆扎牢固。同时，师傅不住地敲打洗帚柄的位置，努力使其圆润、饱满、滑溜。稍后，师傅又在洗帚柄的中间位置再次捆扎一道。捆扎牢固后，取一把大剪刀将洗帚剪齐，有的师傅直接用砍刀砍齐。

编织竹根洗帚最后一道工序是钉帚心。这个帚心，是将竹蔸头破开削成的竹片，长度在六厘米左右，宽度在三厘米左右，厚度在两厘米左右，一端呈长方形，一端是尖尖的圆锥形。师傅将它插入洗帚的中心位置，使劲地敲击，一方面，使洗帚更加紧密牢固；另一方面，帚心一头大，一头小，固定在洗帚中心后，洗帚自然地散开，成帚状，样子也更加美观。整把洗帚，没有用其他任何原材料，全部由竹根扎成，令人惊叹！

天增岁月人增智！竹根洗帚在一群聪明人的摸索创新中，不断变换花样，有的用金属圈代替了竹根捆扎，有的用塑料扣充当了洗帚的挂扣，有的用木棒制作成洗帚柄嫁接上去，总之，花样更多了。

竹根，深埋在地底下，历经几十年仍然完好无损，因此，竹根洗帚就具有不易腐烂、变质、变色、折断等特点，它为人们奉献了洁净，却渐渐地消亡了自己。

山民智慧满罐盈

——"竹罐"篇

金属罐、塑料罐、玻璃罐、陶瓷罐，瓶瓶罐罐，林林总总，都是我们生活中常用的器皿，然而，在我的心灵深处，最爱的还是那"竹罐"。

一根长长的毛竹，稍做加工，便是我们日常生活中所需要的工具或者餐具，竹碗、竹盆、竹碟、竹罐……每一件作品，都洋溢着天目山区竹乡人民的智慧！

笋卤罐

天目山区有毛竹、早园竹、红竹、石竹、刚竹以及黄枯竹等，其中部分竹笋，细而长，味鲜美，可制作成笋干，成为天目山区的特产，统称"天目笋干"。

制作笋干，需要经过拗笋（将笋折断）、剥笋（去壳）、煮笋、漂洗、腌制、压榨、烘干、整形、包装等多个程序。

在腌制过程中，将煮熟、漂洗过的笋放在一个大缸或者水池中，投入一定数量的食盐，使其在常温下不会变质。腌制一周左右，再将腌制后的笋放在木制的大桶或者大缸里进行压榨，会榨出大量带泡沫、呈微红色的"笋卤"水来。

在笋干产区，笋卤是不会被舍弃的，它作为调料，在餐饮中经常可以用到。比如当作酱油使用，也可以用其拌面、拌凉菜，甚至还可以作为礼品赠送给亲朋好友。那么，大量的笋卤如何保存呢？长期裸露在外极容易发酸、变质，山民们一般将它灌装在竹罐中封闭保存，时间再长，也不会坏掉。这种竹罐，叫作笋卤罐。

笋卤罐制作比较容易。截取一根毛竹中竹节较长的两节或者三节，要求毛竹两头的竹节完好。先将一头裁平，使其可以直立在地上，另一头在竹节上端留一小段竹筒，然后将这小段竹筒的一大半去掉，留下一个倒水的口子，并在这个口子的两旁各钻一个小孔，穿上绳子，便可悬挂在柱子上。基本成型后，选用一把凿子，在有倒水口的这边，小心翼翼地将第一个竹节凿出一个小孔，这个孔要求比较规则，便于再制作一个塞子插入以封口。第一个竹节凿通后，再找一根较细较长的钢筋，插入孔中，用铁锤轻轻敲打钢筋的一头，打通中间第二个或者第三个竹节，便是两节或者三节竹筒的容量。最后，截取一段软木头，削成一个塞子，塞在倒水口处。这样，一个笋卤罐就制作完成了，再用清水洗干净，就可以使用了。因为笋卤具有较强的渗透性，易挥发，千万不可以将笋卤罐外面的竹青削掉。

大大小小的笋卤罐，用处其实不少，下地干农活带茶、装水，去商店打酒、买酱油，现在挂在民宿、农家乐又成了装饰品，还能不时地勾起人们的回忆。

饭竹罐

山里人外出干活，如砍毛竹、钩梢、做毛料等，经常需要在野外用餐，特别是午餐。

在外用餐，就需要一种带饭、送饭的器皿。山里人一直很节俭，喜欢就地取材，制作一些包括餐具、器皿在内的生活用品，用来带饭、送饭的被当地人称之为"饭竹罐"的器皿就是其中之一。当你进入山区，就会经常看到，已经按照山里干活的要求"全副武装"的山里汉子，大踏步走向林间，他的肩头垂挂着一个黝黑的呈圆柱体状的盒子。这个盒子里面盛满了饭菜。

饭竹罐，顾名思义，就是用竹子制成的盛饭的器皿，为了提供最大的容量，自然选用毛竹作为制作的原材料。

截取一节两端留有完好竹节的大的毛竹，以竹蔸头为最佳，先用一种叫滚刨的工具，将整节毛竹竹节、竹青刮去，然后修整成两头略小中间稍大的圆鼓形，并且要非常光滑平整，这就是饭竹罐的雏形。

接着，用锯子在靠近上面一头三分之一的位置锯断，分成盖子和饭桶两部分。

继续对两部分进行加工。用锯子在饭桶部分的沿口下方两厘米处锯一个深度在三毫米左右（约为竹子厚度的一半）的圆圈，再用刀慢慢地从沿口处往下削，剔除外围部分。用凿子在盖子部分的沿口处内侧凿去三毫米厚的竹黄，也要有两厘米深。再用砂纸在削、凿的地方不断地擦拭，使其达到平整、光滑的要求，而且要使两部分扣在一起严丝合缝。

用滚刨将接口处修整一番，使整个竹罐下上匀称，风格接近，浑然一体。

最后就是钻孔穿绳。饭竹罐打孔的位置要求准确，在盖子竹节上方两两相对处分别钻两个孔，下桶部分的腰部两边垂直位置和底部两边同样两两相对的位置，再分别钻两个孔，一共要钻十二个孔，同一位置的两孔之间距离，统一一致，大约是两厘米。通过小孔，穿上两根细麻绳，并将绳子的两端打上结，盖子盖上后，将绳子往上拉，竹罐就盖得严严实实了。饭竹罐里盛满饭菜，半天甚至一天，仍然是热气腾腾。用餐者打开饭竹罐，将菜夹到盖子里，这样饭菜分开盛放，吃起来方便极了。

20世纪70年代末和80年代初，我先是作为学生看到高中同学，后来作为老师看到住校学生，他们用饭竹罐盛满咸菜，带到学校，每餐与其他同学带来的金属饭盒子一起蒸，吃得津津有味。一些家住在街上的同学，还故意不回家吃饭，留下来在食堂打点饭，专门为了吃这些咸菜，还边吃边说"竹罐里的菜特别香"。

一只饭竹罐会追随主人多年，因此，有的人家在饭竹罐上雕刻了一些简单的花纹、图案，并做上记号。每次用完了，都会认真清洗，即使年长日久，尽管颜色发黑了，也舍不得丢弃。

赶鸟器

春风沉醉，乍暖还寒，稻谷新发芽。成群的麻雀从四面八方聚集过来，争先恐后地抢食着泛着白色的生机勃勃的稻芽，突然，田埂边发出"呱呱"的响声，吓得这些偷食者魂不附体，落荒而逃。发出"呱呱"声响的东西叫作"赶鸟器"，当然，使它发出声音的是对那些偷食者恨之入骨的农民兄弟。

赶鸟器，是利用毛竹的韧性和竹罐对击能发出洪亮响声的特点设计而成的。制作赶鸟器，只要一根小毛竹就行。截取五段比较直的竹节较长的毛竹，两端均保留完好的竹节。先用锯子在两头的第二个竹节起点处分别锯三分之一的深度，然后翻过来，在其正对面处再分别锯三分之一的深度，用凿子小心翼翼地凿去已经锯断的竹片，形成一段两头各有一个竹节，中间三节镂空的赶鸟器的雏形。再用锯子顺着中间镂空的方向，将一头竹节在当中锯开，形成两半对开的竹筒，用手拨弄中间的竹片，两个对开的竹筒时合时分，就会发出"呱呱"的声音，拨弄的力度越大，发出的声音就越响；拨弄的速度越快，发出声音的频率就越高。另一头不锯开，保持原样。

由于这个赶鸟器要经常使用，而且一用就是几年或者十几年，因此很多人会将它制作得很精致。比如将需要用手捏着的两片竹片，用砂纸、锉刀细心地打磨，使其光滑、手感好；在两头的竹节上雕刻一些图案、花纹，使其美观、夺目；在赶鸟器上安装一个肩带，外出时可以背在肩上，不用时可以挂在柱子上，方便实用。

农民不仅在水稻育秧时需要赶鸟器，在稻谷、大小麦、黄豆等粮食收获季节，尤其是在晾晒时，也需要用它来驱赶偷食的鸟类。

用竹子制作的竹罐，种类很多，难以完全列举，比如各种花样的竹制筷子筒、竹碗、竹杯子、竹水桶、竹盘子等，甚至还有用毛竹制作的尿筒子，信不信由你，我是信的，因为我用过。

柔竹助君担道义

——"扁担"篇

"他让警卫员到老乡那儿买了一根碗口粗的毛竹,自己动手,连夜做起了扁担。月光下,他破开竹子,熟练地削、刮、锯,一会儿就把一面黄一面白的半片竹子,做成了一根扁担。为防止战士们再藏他的扁担,就在上面刻了'朱德记'三个大字。"这是脍炙人口的短文《朱德的扁担》里的一段话,记述了朱德晚间利用井冈山当地的毛竹,自己制作扁担的经过。扁担可以用树木制作,但更多是用毛竹制作。用毛竹制作扁担,就是这么容易和简单!当然,这容易和简单仍然蕴含着智慧与力量。

竹制扁担主要有四大类型:两头翘起的硬扁担,两头平平的平扁担,两头有弯钩的钩子扁担和两头安装挂钩的挑水扁担。

制作扁担,需要挑选合适的毛竹,硬扁担和平扁担要选择阴山面（背阳的如向西、向北的山坡或者山坳里）生长的毛竹，硬扁担还要挑选有一定弯度的毛竹。将一根毛竹按照两米左右长度锯断，然后沿着竹枝生长的方向，将段竹一分为二破开，这样就避免了生长竹枝的竹节在扁担中央的情况。平扁担两片均可用，也就是说，一截段竹可以制作两根扁担；硬扁担就只能用两头向上翘的这一片。

制作平扁担比较容易。先将竹片用刀削成基本扁平，宽度也基本一致，大约七厘米。再用锯子将竹片两端的竹节外侧锯平整，用刀将四个角削去，成为烙铁头的形状。在竹节的内侧两边分别锯出一个口子，用刀从两边中间向四个口子削、刮，使两头形成可以扣住绳子的扣子。毛竹竹节外围有突出，必须用刀将其刮掉。新做的扁担边缘存在毛刺，也要用刀将其削平，最好用滚刨将周边全部整理一下，确保挑担人舒服满意。

"一根扁担两头翘"，指的是有一定弯度的硬扁担。制作硬扁担要费时得多。要顺着毛竹的弯曲度破开，两头要削得比平扁担稍微尖一些，一般毛竹一头有弯度，另一头是直的，那就需要将直的这一头放在火上烘烤，然后通过人工加压，使其与另一头同样具有差不多的弯度，成为一张弓的形状，并显得相对匀称。

制作钩子扁担，对毛竹的要求不高，大小毛竹都可以，甚至大的毛竹梢头也可以制作。一段毛竹一破为二后，将半片竹片加工成两头一样宽窄，再分别将两端放在火上烘烤，然后用力扳压、弯成直角,并用细绳绑上,冷却后,解开绳子,再将两头弯钩锯成一样长短,大约五厘米长。一根漂亮而轻盈的钩子扁担就做成了。

挑水扁担,顾名思义,主要是用来挑水的。天目山区有的是树木,尤其是杉木,因此,每家每户都有一到两担水桶。大人们用带有挂钩的扁担,勾住两个水桶柄,一担水就轻松地挑回家了。挑水扁担只要在平扁担的两头各安上一个挂钩就行。挂钩,有的直接到铁匠铺定制,包括挂杆和弯钩;有的上面一段挂杆用绳子代替,下面吊上金属弯钩;还有的完全就地取材,用林间生长的红藤和毛竹丫枝或者带弯钩的树枝做成,真可谓物尽其用。

不同的扁担有不同的使用方法。使用最广的当然是平扁担。比如,用畚箕装的农产品、用绳子捆绑的物件、用大的竹篮盛装的小果子等,都要用平扁担来挑取。

两头翘的硬扁担,主要是用来挑重担的。你看,"双夏"期间,在湿漉漉的稻田里,刚抢收起来的毛稻,从打稻机里捞出来,盛在大箩筐里,两只箩筐虽然都有几把稻草垫底,但是,挑稻人用一根硬扁担挑起一担毛稻时,两只箩筐还是向外直冒水,本来弯如弓、朝天翘着的扁担立马就变成了一根直扁担。一担毛稻,在水田里刚挑起的时候,差不多有150公斤重,其他扁担根本无法承受。春季挑褪毛笋,深秋来临挑番薯,隆冬时节打年糕,这根硬扁担是少不了的必需品!

挑水扁担主要用来挑水，两只水桶打满水，将挂钩勾住水桶柄，飞快地走动，桶里的水也不会晃出来。有时也用来挑低矮的篓子之类，比如需要清洗的衣服较多，就将衣服分成两个篮子盛装，然后用挑水扁担挑着到河边清洗。小时候，我看到邻居婶婶们，曾经用挑水扁担挑着一头满满的一篮子番薯，另一头一个大篮子里坐着一个孩子，手里还拎着一篮子待洗的衣服。

钩子扁担的运用一般跟喜庆活动紧密相连，端午节、中秋节、春节，毛脚女婿就用钩子扁担挑上贴有红纸的鱼、肉、酒、烟，到准丈母娘家拜访；小两口结婚时，新郎家派出帅哥用钩子扁担挑着烟酒、糖糕、红鸡蛋和鱼肉送到新娘家，又用钩子扁担从新娘家挑回脚盆和子孙桶；新媳妇在钩子扁担的一头挂着装有鸡鸭的大竹篮，另一头挂着装着娃娃的小箩筐，高高兴兴地回娘家了……在这些喜庆的时刻，老百姓还不会忘记在钩子扁担上粘上红纸条、挂上大红花，或者红绸缎，有的甚至将整条扁担染了个通红，旁观者过目不忘！

如今，现代化、机械化程度日益提高，扁担作为工具运用的机会越来越少，但是，它作为娱乐的用处越来越多，广场舞中，大妈们将它作为道具，有的舞曲就叫《扁担舞》《挑着幸福向明天》；许多民宿的墙上悬挂了一根根竹制扁担，表达主人们念旧、忆乡的情怀；一批书法家收集了大小有别、长短不一、形状各异的扁担,在这些扁担上写上几个字,签上名,题上日期,这些扁担就成为艺术品,有的还上了拍卖会;更有趣的是,有几位竹刻专家将扁担刻上画,甚至镂空,完全不可能作为工具使用了,但售价高达几千元,成为货真价实的欣赏品、艺术品。

山里汉子的舞蹈

——"撬筏"篇

现在交通发达了,毛竹之乡的毛竹出运已全部依靠汽车,甚至从山上运送下来,也有比较宽阔的林道。然而,在 20 世纪 80 年代以前,安吉的毛竹几乎全部依赖水运,经过几天几夜的长途漂泊,然后销往安吉的最东端、西苕溪安吉部分的最下游——梅溪。记得那时的梅溪,街道上,大小商店鳞次栉比,人来人往,川流不息;河道里交易声、欢笑声、划拳声声声冲天!梅溪素有"小上海"之称。

一根根的毛竹,要从小溪运到大河,再运到码头边的毛竹市场,必须将它制作成适宜小溪、大河运输的物件。聪明的竹乡人民,发明和传承下来一种十分有效的方法,那就是将毛竹结成竹筏(pái),然后几十帖竹筏连接起来,顺流而下,直达销售点。

将毛竹结成竹筏的过程,叫作"撬筏",也叫"撬毛竹"。读到这里,细心的人会发问,"筏"字是否用错了?是的,在现代汉语中,"筏"字读"fá",没有"pái"的读音,在一些地方方言中,"筏"读作"pai,牌"的情况却不少,最突出的例子就是德清县有个"筏头乡",就叫作"pái头乡"。

撬筏,实在是竹乡男子汉独有的优美舞蹈,是竹乡人民集体智慧的结晶。而撬毛竹的地方,是那个时候孩子们最好的乐园。一捆捆毛竹堆放在宽阔的场地上,整齐有序。虽然毛竹十分光滑,但由于是一捆一捆地堆放,呈三角形或是梯形的毛竹堆,仍然可以很容易地爬上爬下,而且非常稳固,也还算安全。孩子们在那里追逐、躲猫猫、讲故事等,女孩子还在两堆毛竹中间的通道上跳绳、跳格子。

撬筏的人有明确的分工:在比较宽阔的草坪和沙滩之上,在一大堆毛竹的旁边,在小溪涓涓不断的流水声的陪伴下,有一两个人在劈篾,有一人在绕竹窝,有一人在翻竹蔀头,有两人正挥舞着撬棍捆紧毛竹……一切井然有序。

劈篾和绕竹窝是一组的,两到三个人选择适宜劈篾的毛竹,裁成篾条,然后劈出篾来,有时一根篾条要劈出四到五层薄篾。竹篾首先要保证撬工们的需要,时间宽裕,两人裁条劈篾,一人负责绕窝。绕竹窝是非常伤手的活,撬毛竹正好在冬季,气候干燥,手捏住竹篾,在竹窝里穿来穿去,一不小心手就会被划破,鲜血直流。

负责撬筏的一组一般也是三个人。

撬筏前,需要准备一个毛竹架子,两头各两个脚,用一根粗毛竹连接起来,要非常牢固,撬筏的人就是在这个毛竹架子上做文章:整理毛竹、用篾捆紧、套上竹窟……

撬筏时,先是选择五百斤上下毛竹,梢头摆放在竹架上,其中一枝毛竹要颠倒过来放置,即大头摆放在竹架上。负责整理竹蔀头的那一个工种,叫作"翻竹蔀头",他负责将竹蔀头摆放得相对整齐,并紧紧地向中间靠拢,防止竹蔀头像螃蟹一样张牙舞爪。

在竹架子前干活的,就叫撬工,在这里算是主要的技术人员。操作时,需要两名撬工动作协调配合,共同完成。撬工要将毛竹梢头处捆上两道竹篾,这里使用的竹篾,长而宽阔,青篾和黄篾同时打箍,一道使用。每一道篾都要先用手拉紧,然后将两头的篾头倒过来,形成一个箍,塞进撬棍,绕上几圈,然后相互交换,以毛竹捆为支点,同时用力地向下压,还要用竹制的榔头狠狠地在篾箍边敲打,迫使竹篾更紧地缚住毛竹。在此期间,还要在两道竹篾之间,套上一个竹窟,竹窟几乎是滚圆滚圆的,直挺在竹筏之上,乍一看,很像金鱼的一只眼睛,又好像是兔子的一只耳朵。

一捆毛竹"撬"好后,放到竹架子的一边,按照同样的套路和程序，再来一捆。同样要五百斤上下，竹蔀头靠紧，一根毛竹颠倒放置，两道篾，一个竹窟。

最后，撬工们需要将两捆毛竹并在一起，在准备缚篾的位置，一位撬工用一把扁而尖的刀仔细地将毛竹戳破，本来滚圆挺直的毛竹，这时，有一小段部分毛竹有所破裂。撬工在这个位置上套上篾箍，先用手拉紧，再用撬棍撬紧，用竹制的锤子敲打，那些有点破裂的毛竹立马凹陷下去，显得更加牢固。竹篾打上结，一位撬工举起砍刀，用力砍掉错乱不齐的竹梢，并形成一个上长下短的斜面。两捆毛竹合并一捆，才叫一帖，一帖毛竹达一千斤。在西苕溪下游销售毛竹时，就是按帖计算的，每帖多少钱，领了钱就可回家了。

一帖毛竹撬好后，两人将撬棍往地上一戳，口中喊着"一二三"的同时，双手将撬棍往前一推，竹架子突然倒下，他们又不约而同地将撬棍塞入竹窟，两根撬棍的一头呈交叉摆放，一起用力往前冲，一帖竹筏便飞快地滑动起来，不一会儿，它就稳稳地直接停留在了河道旁，等待着接筏远行。这时，撬工们才松一口气，随手揩一把汗。他们深怀着胜利的喜悦，面带笑容，口中还时不时地发出迷人的哨声，会抽烟的赶紧点上一支烟，喝上一口热茶，然后或整理竹梢头，或坐在毛竹堆上休息，或就近撩起裤子方便一下。

两年一次的撬筏期，只要不上学，我几乎都跟着老爸在岩山头这个撬毛竹的地方玩耍。我最喜欢做的事是捡柴火。撬工用撑筏刀将一捆捆的毛竹斫散，留下了被斫断的竹篾。我将这些竹篾从毛竹堆中抽出来，先结成一个小把，几个小把捆成一个小捆，三五个小捆捆在一起，就可以满载而归了。费力背回家的这些篾头，是烧饭时用来引火的最好材料。

　　除了捡篾头，还有机会捡一些竹梢头。如果没有其他小伙伴在场，我可以漫不经心地捡完全部竹梢头。但如果还有其他人在，那可不是捡，而是"抢"了，谁的动作快，谁就"抢"得多。当一帖毛竹撬好后，撬工三下五除二，将很不整齐的毛竹梢头砍成一个斜坡状，长短不一的竹梢头落了一地。孩子们两眼紧盯住撬工手中的刀，刀起柴落，几个小伙伴一拥而上，伸手便抢，可以用双手抱的，绝不会仅用一只手去抓，有几次连石头也抱在怀中。有时稍不小心，手抱着柴火，嘴却啃到了底下的沙子——成了"狗啃屎"，沾满沙子的脸仍然是一张欢笑的"葵花盘"。我记得，毛竹梢头很难捆，那时，我是捆不起来的，只好等到老爸收工后，捆好了背回家。

　　家乡竹农不撬毛竹，已经有好多年了，但是，那绕竹窟噼里啪啦的声音、撬工那堆满老茧健康有力的双手、挥舞着撬棍合着节拍舞蹈般的跳跃、小伙伴在其间的吵闹……一直印记在我的脑海中，久久不能忘怀。

　　山里汉子的舞蹈，令人永远难忘！

乘风破浪会有时

——"撑筏"篇

一帖帖毛竹撬好后,主要是为了便于水运。水运毛竹,天目山区的人叫撑筏或者撑毛竹。

撑筏是一项艰苦的技术活。不管晴天雨天,不管白天黑夜,整个活动范围就在一领竹筏上,工作在溪中浪尖,十分艰辛和危险,而且要预防"倒筏"事故的发生。

撑筏前,撑筏工们要做一些准备。首先要将一帖一帖的竹筏连接起来,成为一领,这叫"接筏"。连接的方法是,将前一帖竹筏一分为二,再将另一帖竹筏缓慢地撑过来,放在前一帖竹筏中间,同时,将前一帖竹筏在撬筏时颠倒放置的两根毛竹梢头分别准确地放入后一帖竹筏的两个竹窟中,再在每个竹窟旁边选一根毛竹,跟竹窟内的毛竹一起用竹篾捆紧。依次循环十余次,甚至二十余次,一连串十几帖、二十几帖的一领竹筏就形成了。

几乎在接筏的同时,另有几个人正在用大量的竹篾绕篾索。篾索是在需要竹筏停下来时用来稳住竹筏的一种工具,一般有五六十米长,它的一头固定在一领竹筏的倒数第一或者第二帖竹筏上,另一头根据地形选择捆绑在大树或者大石头上。绕篾索,就相当于"打篾绳",将竹篾一边绕成绳索形,一边不断地添加竹篾,延伸其长度,既要紧密,又要牢固。

还有一批人在将要撑筏的河溪中,搬开大石头,形成一条通畅的河道,那是他们在清理河道。几位汉子选择好一处比较狭窄的河道,建起了一道拦河坝,随时准备蓄水。

一切准备就绪,关闸蓄水。虽然是一道临时的拦河坝,要想蓄满足够的水,还真需要几乎一天的时间。

在这一天,撑筏工们还得为自己接下来几天的生活做出安排。一根撑筏篙子、一件蓑衣、一顶笠帽、一把特制的撑筏刀是必不可少的。撑筏篙子,是用一根三四寸粗的毛竹制作而成,长度在三四米。竹蔀头处,削得尖尖的,以备插入石头缝隙,或是可以协助把握筏头,顺流直下;或是可以用来撬住某一节竹筏,阻止前行;或是可以在水中一撑,撑筏师傅借此轻松地从岸上跳跃到竹筏上。撑筏篙子必须要直,稍有弯曲,要用火烤一下,然后矫正。为了矫正,有几根篙子要在板凳或者梯子上绑一个星期。蓑衣,一种用棕榈树上剥下来的棕丝织成的衣服,棕匠先用棕丝编成片,然后拼接成衣服的形状,穿在身上,用来挡雨,不透水,还能保暖,人的四肢挥洒自如,很受农民的喜欢。它白天可以用来抵挡雨水、溪水,而晚上又成了铺盖。笠帽,是由两层竹篾夹一层箬竹叶制作而成,圆盘形,中间有凹凸,两侧悬挂细绳,可以扣在下巴处,以防脱落。笠帽雨天挡雨,晴天遮蔽阳光,牢固,方便,而且用得越久越轻便。

山民们对会撑筏的年轻人,特别推崇,因为这样的年轻人不怕吃苦,敢于外出闯荡,细心胆大,善于协调,团结互助,而且生活能自理。在介绍对象时,如果听说男方是"撑筏佬",有的女方家庭会说:"看都不用看了,肯定好!"

"撑筏佬"撑筏的样子真的很酷!河道中,一领竹筏上,几个壮汉,头戴笠帽,身穿蓑衣,笔直地挺立在那里,手中的篙子横在胸前,每个人都十分警惕地注视着前方,两岸飞速地向后移动,筏随水流,人随筏走,穿梭在河道中,不一会儿,只听见哗哗的流水声,一个个英俊的身躯渐渐地消失在了水雾中,远远看去,只见一条长龙在不停地向前游去。

正常情况下,撑一领筏,只要三五个人就行。

在最前面这帖竹筏上的撑筏人,被称之为"撑头师傅",他要把准水头,把握方向。只见他站在竹筏最前头,挥舞着撑筏篙子,左一下,右一下,或是点在石头上,或是直插在水中,或是直挺挺地立在竹筏上。有时,他还要站在竹筏的最前面,跳上几跳,使竹筏平稳地经过石坝,走下斜坡。他哪里是在干活,他纯粹是在展示男子汉们原本蕴藏在身体之中那使不完的力量。竹筏在他的指点下,规规矩矩地沿着河道顺流而下。

在第二帖竹筏上的撑筏人,被称之为"翻筏师傅"。他几乎要全身心地蹲在筏上,眼睛注视着撑头师傅,他要每时每刻配合撑头师傅的所有动作。撑头师傅撑筏篙子在左边用力,他就要将第一帖竹筏右边的竹蔀头向左边扳过去,使竹筏顺利地靠右前行。反之,他就要想办法让竹蔀头扳向右边,使竹筏向左前行。最轻松的时刻,就是撑头师傅将撑筏篙子直直地立在筏头,顺流直下,翻筏师傅便可站可坐,轻松地看着前方。

在整领竹筏上还有一位关键人物,那就是在最后一帖竹筏上负责管理篾索的师傅,他被称之为"吊索师傅"。这位师傅,大部分时间比较悠闲。竹筏正常运行,他就没什么事情,可以悠闲地欣赏着河道两岸的优美风景,西苕溪的一石一桥、一木一亭都铭记在他的心中。虽然大部分时间比较悠闲,但总归是一个关键岗位,肯定有其存在、需要的价值。比如在小溪里撑筏,水流太小了,河道里的水已经难以将竹筏往下游运送,这时,吊索师傅就必须在最近处寻找到一棵大树或是一块大石头,将篾索牢牢地吊在上面。然后通知上游关闭水坝,待到蓄够了一定量的水,再放下来。上游水来了,篾索要确保竹筏不会被水随意冲下去。吊索师傅就在篾索附近，等待时机，观测水位，等到河道里的水可以运送整领竹筏前行时，吊索师傅才松开篾索，飞快地跳上竹筏，然后慢条斯理地将篾索盘起来，放在竹筏之上。到了该吃饭、该睡觉的时候，吊索师傅要在大家的配合下，将篾索再吊在树上或是大石头上，然后上岸吃饭或是就地休息。吊索师傅在吊索的时候，其他人是怎么配合的呢？说起来很简单，就是一声吆喝之后，大家一齐转过身，一致地将撑筏篙子插到后一帖竹筏的最前端的空隙中，撑筏篙子的一头借助河道里的石头，另一头紧靠在自己的肩上，形成了一股阻止竹筏前行的力量，几个人一起行动，运行中的竹筏就马上减速慢行。吊索师傅就抢在这段时间内完成了吊索任务。

吊索师傅遇到最恶劣的情况就是发生"倒筏"事件。撑筏，人数越少，成本越低，工资越高。但是，人少了，处理紧急情况的难度就增大。尤其是遇上"倒筏"事件。

什么叫倒筏？倒筏是指筏头不小心冲到了石头上，或者是沙滩上、河岸边，不能前行了。而后面的竹筏，在水的冲击下，继续前行，如果处理不及时，那长长的一领竹筏在狭窄的河道里扭曲在一起，可想而知，原本站在竹筏上的人就会遇到危险。更要命的是，二三十帖毛竹纠缠在一起，慢慢将它们重新整理好，真是费时费力。而且，有时还会遇上大雨，甚至是深更半夜，一般人是承受不了的。但对于撑筏人来说，是不得不应对的情况。

为了避免倒筏，减少损失，必须及时处理，就需要反应灵敏、动作轻捷、行动迅速的吊索师傅。吊索师傅一旦发现问题，或得到信息，便赶紧牵起篾索，奔跑到河边，寻找到大树或者大石头，固定好。篾索牵制住竹筏，竹筏在最短时间内停止了扭曲纠缠，前面倒筏的数量就少，损失也随之减小。因此，在撑筏师傅队伍中，对吊索师傅要求特别高，有的甚至同时安排两名吊索师傅。

小河小溪撑筏比较困难。一会儿飞流直下，人在浪尖上；一会儿又没水了，筏儿停在溪中，活像是一条蛇蜕下来的皮，有形无神地摊放在溪中，怎么努力也动弹不得；有时候朝着一个方向不停地盘旋；有时候又东撞西拐，好像是振幅不一的大大的钟摆。然而，到了开阔的西苕溪，情况就大不相同，竹筏只要朝着下游而去，仿佛怎么走都可以，"撑筏佬"们就显得轻松了许多。

很多人对撑筏师傅是怎样安排吃饭睡觉很感兴趣。撑筏师傅的撑筏生活是非常单调而艰苦的，不可能每餐都准时吃到可口的饭菜，大部分时间一天只能吃两餐饭，即早饭和晚饭。撑筏师傅在出发前，要在每一领竹筏上随带一小帖或者半帖小毛竹，有的还带点干粮、番薯什么的。筏接好后，水坝蓄满了水，他们会随时出发，不管是白天还是夜晚，不管是晴天还是雨天，不管是早晨还是下午。出发后，待到晚餐时分，他们需要选择好吊索地点，然后在那帖小毛竹上砍下几根毛竹，背到岸边的农户家中，表明来意，就用这些毛竹换几个人的晚餐、第二天的早餐和借宿的床铺。客人带来了见面礼。主人居住在西苕溪的下游，有田、有粮、有油，可没有毛竹，种田、打稻、建房，都离不开毛竹，毛竹对当地人来说是奇缺货、好东西。一个需要，一个愿送，物物交易，何乐而不为！一般情况下，像这样比较熟络的，肯定不是第一次投宿，有的是每年约好，都到这几户人家借宿，成为常客。也有老客带新客的。有的主客双方已经成为极好的朋友，平时还有礼尚往来。主人客气，不但提供菜饭、住宿，有的还专门准备了鸡蛋、鸭蛋，或是猪肉，甚至宰杀一只鸡或鸭。认为遇到了特别热情的东家，第二天告别时，撑筏师傅还会再送几根毛竹，以表再谢之意。

撑筏师傅出门时，一般只带很少的烟钱、火柴钱，有的甚至还需要到生产队出纳那里预支，整天都在一领筏上活动，也没有机会用钱。

竹筏顺利地沿着水流，撑到了位于安城老城下游的柴台埠，或者梅溪码头。在这个开阔、平缓的水面上，几十几百领竹筏，宛如一条条长龙聚集在一起，有拉直停放的，有依河岸蜿蜒而停的，有龙头紧靠龙尾岔开的，有早就停在前头待价而沽的，有刚刚才探出头来寻机而入的……那场面真是浩浩荡荡、轰轰烈烈，叫卖声、吆喝声、水声混杂在一起，好不热闹！

接近码头，收购毛竹的经销商立马就会登上竹筏前来洽谈。

其实，这些经销商代表着某一个国家或是集体所有制的供销社，毛竹的价格也是由国家规定的，只是可能有大小、品相的差异，于是定了几个等级，即到即交易。撑筏的领队与前来洽谈的经销商，从筏头走到筏尾，既数了帖数，又验了毛竹的等级，一阵讨价还价之后，大部分都以中等价格成交。成交以后，经销商开票，领队凭票领钱——交易完成。

领队领完钱，有的"撑筏佬"要求先稍微预支一点；也有的一分不拿，回家结算；有个别早就算好了工资，要求全额领取，这种情况，领队当然不会给。

"撑筏佬"们袋中有了钱，好像一下子增强了底气，有的说话声音也大了起来。第一个跑上岸做的事情是买一包好一点的香烟，然后回来热情地发烟："来，抽一支。"有几个跑到附近的农贸市场，买来了一大捆带鱼，说是要"好好地慰劳慰劳家人"。

不过，毛竹交易完这一天，大部分"撑筏佬"都会肩挑背扛，雄赳赳气昂昂地大步向家里走来，也不管是几点钟了，早也罢，晚也罢，反正当天就回了家。有的老婆和孩子还会到村口等候。吃到了带鱼的孩子，哪里知道撑筏的艰辛，还高兴地说："爸爸，过几天你再去撑筏，还要买带鱼回来……"

现在，天目山区已经实现了"村村通公路"，而且基本实现了"道路黑色化"，"撑筏"这个行当也已经一去不复返了，但它给人的记忆，以及它所带来的酸甜苦辣，我建议，永远也不要忘记。

天目笋干香四海

——"笋干"篇

以"清鲜盖世""甲于果蔬"著称的天目山区传统名菜"天目笋干",由鲜嫩的小型竹笋精制而成,其食材仅指石笋。

天目山北麓海拔五百米至一千五百米区域,有一条蜿蜒向上超过百里长的天然石竹林,东西横向覆盖在天目山背脊之上,当地山农自古世代采集石竹新笋制作笋干,自名"天目笋干"。

早在宋代,原孝丰县报福一带(现安吉县报福镇,与杭州临安区接壤)所产的"天目笋干",就已被列为"精品"。宋赞宁所著《竹谱》中有"天目山生笋,其色黄,令人以天目笋脯见馈,其色绿,少有黄者"的记载。至明代正德、嘉靖年间,天目山区所产的笋干已为人称道。清代康熙后,天目笋干被视为"蔬中珍品",天目山脉大小寺庙的香客、游者争相购买,天目笋干声誉鹊起，远销浙、皖、苏、沪。改革开放以来，天目笋干更是远渡重洋，名震韩日，影响欧美。

关于天目笋干的由来，据说与南北朝梁武帝的儿子、后被立为太子的萧统有关。相传，有一次，萧统在商议家事时与父皇发生争执，太监鲍邈之从中挑拨，使他受到父皇的指责。个性刚强的萧统，毅然离开了朝廷，游历天下名山大川。有一天，他来到山清水秀的天目山，走进了漫山遍野、酷似迷宫的葱翠的小竹林里。他将小竹这枝捏捏，那枝摸摸，感到十分喜爱，当他看到还有许多小笋拱出地面，更是喜欢得不得了，折断一些小笋，撩起长袍抱在怀里，不知不觉在竹林深处迷了路。他边走边寻找出路，过了多时，他看到远处有一茅屋，便放开脚步，朝茅屋那边走去。进了茅屋，见有一个老和尚，盘着莲花座，捧着经书在默念。萧统很有绅士风度，知道不便打扰，就在一旁等待，借此机会，他将小笋剥去了笋壳，并借茅屋里的锅子烧起笋来。过了一炷香的工夫，老和尚收好经书，打了个哈欠，慢慢地站起来，旁若无人地自言自语道："哎！太深奥了！"老和尚迈步走出茅屋，消失在竹林间，云游去了。喜爱探问深究的萧统被老和尚所说的"深奥"吸引了过去。老和尚一走，萧统就摊开经书，一句话一个圈，一句话一个圈，认真地圈点起来。哪知，圈点的活儿一上手，竟把锅里煮的笋忘得一干二净。当想起锅里有笋在煮时，揭开锅盖一看，笋已煮得干干的了。"呀！笋干了！""笋干"就这样被叫出名来。萧统面对一锅子干笋,撕着咬着,石桌上还有一大堆。他看着一大堆干笋为难了:这么多的干笋怎么办呢?他思索了一会儿,决定加上水回到锅里再煮一煮。过了一会儿,老和尚回来了,萧统又想起了锅里的笋,忙揭开锅盖,一看,由于放的干笋少,而水多,竟成了满满一锅汤。老和尚感叹道:"既然一锅汤,不妨尝一尝。"他尝了一口,咂咂嘴,高兴地说:"这汤真鲜!比笋还好吃呢。"萧统也尝了尝,果然清香可口,味道鲜美。笋可以制作成笋干,笋干可以煮汤,这一吃法就这样一传十、十传百地传开了,并成了人们夏令喜爱的佐餐佳品。从此,每逢笋期,在天目山上,你搭个茅棚,他搭个茅屋,把原来任其自生自灭的鲜笋,烘制成笋干。鲜笋烘笋干,十斤变一斤,千斤鲜笋一担挑,四季都有好笋尝,成为天目山区一道亮丽的风景线!

天目笋干的制作过程要求严格,每道工艺都十分讲究,非常细致。

首先,要选取较好的品种在适当时节拗笋。品种,主要是指石笋,少有选取其他品种的,如红笋、刚笋、四季笋等。每年的5月1日前后开始,在笋长到二十厘米至三十五厘米时,就要及时进山采集优质鲜笋。产笋旺季,正是江南的梅雨时节,多雨寡照。但是,在这一季节里,不管天气多么恶劣,山民们脚穿山袜(一种用帆布或者多层布缝制成的类似袜子的靴子,长度与膝盖相齐,穿在外面,袜口用带子系紧,防止蚂蟥等虫子以及其他杂物进入,里面有包脚布配合)、草鞋,腰间围上笋峭(qiào,装笋用的一种布袋),都要进山拗笋。甚至连当地的中小学校也要放假,学生全部参与,这有点类似于平原地区的"双抢"。如果竹笋超出了这个长度,笋就会有乌节,有乌节乃过时之笋,烧后也会咬不动。山民们对附近的笋山何时出笋,此早彼迟,了如指掌。如果笋山靠近自家屋子的,就直接将笋背到家里;如果离家较远,有的用一种叫作"笋篰"的工具,将笋挑回家;有的就在山上搭建小屋,就地制作笋干。拗笋、给笋打包、挑笋,都是很累的活。

鲜笋运到屋子里后,就要立即去壳,当地人叫作"剥笋"。剥笋,几乎人人都会做,但是,一天几百上千斤笋,要一根一根地去壳,还必须要有技巧。传统的剥笋方法是,由蔀头开始,一张笋壳一张笋壳地剥下来。但是,这样剥笋速度太慢了,目前通行的方法是,一位师傅坐在凳子上,膝盖上铺上一块叫作"围腰"的布制工具,或者就是一件旧衣服。左手拿着一大把鲜笋,让它紧贴膝盖,右手用一种长长的、窄窄的、薄薄的,被叫作"削笋刀"的铁质刀具,从笋梢往笋蔀头方向削上两刀,然后,用削笋刀一挑,削过的笋就被传到了另一位师傅旁边。另一位师傅左手握笋,右手将笋梢头卷在食指上,"哗啦"一卷,一根赤条条的干净无壳的笋就出来了。这样剥笋,速度快,而且还能完整地保留鲜嫩的笋衣。一般一个师傅削笋，需要两到三个师傅剥笋，才能配合得当。傍晚，将笋搬回家，晚餐后两三个小时，上千斤笋就去壳完毕了。

煮笋是制作笋干的第三个步骤。将剥好的笋放在清水中洗净，然后下锅用大火煮。煮笋的锅灶是特制的，比家庭烧饭的锅灶要大要矮，灶内与铁锅相连的沿口还要比锅高出五寸许，被称为"接口灶"。在煮笋的过程中，要加入适量的水和食盐，水不外溢，确保原汁原味。这时，既要控制放盐的比例，又要掌握火候。要旺火烧煮，要恰到好处，锅中的笋，既要熟透，又不能过头。不熟透，笋会有涩味，煮过头则色泽不佳，捏在手上还有糜烂的感觉。控好盐量是制作优质笋干的一个关键，一般短笋每一百斤放四斤盐，长笋每一百斤放三斤盐，做到咸度适中方能鲜味可口。每次煮笋的水都要累积起来，等到采制笋干季节结束，将这些水再熬煮几天，最后剩下的十分之一左右的浓浓的汤汁，就是"笋卤"。笋卤是非常可口的调制品！

笋干应该是干燥的，这就需要烘烤。笋煮熟后，起锅沥干，再放到火坑上或竹焙上烘烤。烘烤到六成干，需要进行一次揉搓，将笋干揉成蜷缩状，然后再烘烤。烘到八成干左右，用石夯敲打或者放置在笋筐里用大石头压榨成扁形。两天后，再次取出烘烤。烘干以后，再根据笋干的色泽、大小，挑拣分出档次。有的还要将笋干嫩头撷下来，撷下来的部分叫作"笋摘头"，那是最嫩最鲜的部分，是天目笋干中的上上品。在这里，要注意的是，笋干只能烘烤，不能用太阳晒。

笋干的包装多种多样。然而，传统的包装方法是用竹篾编成小篓，一般是一公斤一篓，用当地山上产的粽叶（箬叶）作为内包装，这样既通风防潮，又有一股粽叶的清香味儿，如此包装的笋干能保持其色味不变，存放时间长久，不易霉烂、变质。除传统的包装外，现在还有新的包装方法，比如将笋干一根根放平实置于塑料袋中。这种包装法，省去了笋干制作过程中的揉、敲等工序。从外观上看，传统包装古朴拙笨，塑料袋包装时尚简约。

随着旅游业的发展，笋干已从餐桌转移到旅行包中。将笋干切成细碎的颗粒，加入一定配比的青豆、花生等，配上鲜辣或者稍有甜味的调料，烘烤干燥，用小袋子包装，可以直接作为零食食用，这种食品被称为"多味笋干"。

天目笋干，味美，有营养，而且吃法简单。最简单的吃法就是用笋干煮汤，只要多放点水，将笋干与白菜、西红柿一起煮熟，就是很好喝的素汤。假如加些小肉丁与笋干一起炒一下，可以做面浇头，拌面条。用整条笋干炖鸡、炖鸭，将笋干切成小段炒韭菜，等等，都是不错的吃法。

天目笋干能够扬名四海，自有其特殊之处，要细知其要义，我建议喜欢探秘的朋友们，到天目山中来，到竹林子里去，因为那里路旁有的是农家乐、好民宿和丰富多彩的竹乡记忆。

新竹蜕变展妙文

——"嫩毛竹造纸"篇

纸,是文明重要的传承载体。千年以来,奇文妙句,都是因为有了纸才得以更多更广泛地传承下来。

东汉"蔡侯纸"和"左伯纸"都以麻为材料。从晋代开始,用竹子造纸的技艺在我国被研制出来。随着技术的进步,竹纸细腻柔韧,渐渐得到文人的青睐。

在晋、唐及宋初时期,还无法将竹纤维完全打碎,用竹子造的纸,脆而易碎,质量低下。经过不断改进技艺,竹制纸达到了"工书者"也喜爱不已的高质量,从此,竹纸大行于世,由于原材料获取容易,产量上渐渐超过皮纸、麻纸,成为中国纸业的主要品种。欧洲制造竹纸的最早时间为19世纪,中国的竹纸制作技艺则比其早了近千年,足可称得上是中国传统文化中历史悠久的手工技艺。在机械化大生产出现之前的历史中,手工造纸技艺的世代传承,谱写了竹纸制造业延绵不断的历史,四川省的夹江和浙江省的富阳、黄岩为竹纸的重要产地。

天目山区,漫山遍野尽是竹,是实实在在的"大竹海"!竹林之中,毛竹又占据了大部分面积,对毛竹综合利用的探索,可谓是天目山区竹农最大的爱好。用毛竹造纸,自然也属于他们探索的内容之一。1950年代,仅浙江省安吉县就有十来家利用毛竹造纸的企业,其中较有影响、规模较大的有上墅龙王殿纸厂、报福统里寺纸厂、缫舍纸厂等。

用毛竹造纸,季节性强,程序繁杂,要求甚严。

首先需要选竹。造纸需要的毛竹是当年生的新竹、嫩竹。春夏之交,竹农在毛竹林间,选择新竹中已经开箨（tuò,竹笋外层的皮,笋期叫"笋壳",成竹期称之为"箬壳"）的毛竹,留好留养竹,将部分新竹砍伐作为造纸的材料。风吹倒的、有虫害的、横在路中间的……这些嫩毛竹,一律砍去,有多枝毛竹挤在一起的,也应该砍去其中的几枝。嫩毛竹被捆好,拖下山,直接运到造纸厂。

作为原材料,嫩毛竹运送到纸厂堆场后,接下来就由纸厂职工来完成余下程序。

砍折竹子。将嫩毛竹砍成五尺或七尺一根的长度（具体长度取决于浸竹池塘的大小）,扎成整齐的竹捆。

浸泡竹子。将成捆扎好的竹子整齐地放入一百立方米到二百立方米大的长方形池塘里，按一层石灰、一层竹子的顺序层层垒叠，然后在水池中加水。成捆的竹子在池塘中浸泡两个月以上，让竹子褪去青皮，把毛竹沤泡腐烂为止。这是毛竹造纸耗时最长的一道工序，叫作"沤竹"，也被称为"杀青"。据史料记载，在没有石灰的条件下，毛竹起码要浸泡一百天。

整理竹子。浸泡工序结束后，一般已到次年的清明节前后，这个时候开始清洗竹子，启动做纸程序。两个人一组，同时用长长的竹柄连接的长钩勾住竹子，从池塘中将竹子捞出来，放进一个清水池子中进行清洗。洗净杂质后，用刀削去竹子表面已经泡软的青皮，竹子露出白色的纤维，干净剔透。

碎化竹子。将白色竹子纤维用刀切成小段，捆成小捆，挑到水碓坊内。开启水碓中的石锤，捶打竹子纤维，直到它散成细丝，成为粉絮状。毛竹被舂成粉絮状的工序，也叫作"湿打"。湿打，需要借助水碓才能完成。所以，古代造纸厂都建在河边，配有水碓，就是这个道理。湿打这活，因为持续的时间长，自然需要有耐心，而且湿打时，带有石灰粉的竹纤维，有的被折断，有的已碎成粉状，每一锤下来，粉末和细纤维四方飞溅，工人要戴着笠帽，笠帽帽檐还要围上一圈细软的布条，一般的粉尘污染已无法列入考虑范围，只能想办法防止竹纤维和粉末溅到脸上和眼睛里了。

化浆为纸。这是一个漫长的过程，有多个环节。

第一个环节是磨浆。每个水碓坊内都有几对大石磨,直径足有一米以上,上下两片厚度都在三十厘米以上,人力无法使它转动起来,需要通过水冲击水轮转动来带动它。将已经打散的纤维和水按照一定比例送入转动着的大石磨中,进行研磨,直到竹子纤维成为浆状——"竹浆"。

第二个环节是蒸竹。将收集起来的竹浆舀到一只木制的桶内,木桶架在一口大锅子上,再加入石灰,一起蒸煮八天八夜。

第三个环节是沤洗。将蒸熟后的竹浆继续沤在水池中,入池沤洗,使其成为更细腻的竹浆,然后还要在清洗干净的竹浆中清除残留的石灰和其他杂质。用长竹竿将干净、细腻的竹浆搅拌均匀。

第四个环节是沥水。将竹浆中的水分沥去,再用柴灰浆过,之后放入釜中,按平表层后平铺一层稻草灰。不断用开水淋在竹浆上,在高温下让竹浆质地变得更加细腻。再将竹浆放到清水中清洗干净。在确认纸浆达到造纸的标准后,开始抄浆成纸。

第五个环节是抄纸。抄浆成纸是毛竹造纸中具有较高要求的核心技术,一般纸厂只有为数不多的几个抄纸师傅。用木槽盛放处理好的纸浆,抄纸工来到水槽边,手持一个木框,框子中间放着一片用细竹篾条编织的特制的帘子,框子在纸浆槽中用力一舀,然后有节奏地左右轻摇,让水从框子上沥出,极少量的竹浆成为一个薄层附在竹帘之上,成为一层薄薄的纸浆膜。水沥干后,原本黑色的帘子染上了一层嫩白色。师傅用右手熟练地拉过一旁的推杆，把框子放在推杆架子上，两手一上一下取出帘子，翻覆过来，将其倒扣在旁边的案板上，再小心翼翼地揭开帘子，一张湿润的纸便留在了案板上。在抄纸的纸槽边，还可以闻到淡淡的石灰味道和竹子的香气。纸张的厚薄完全取决于抄纸师傅的控制手法，这是造纸的关键工序，是最见功夫的：抄纸工荡得轻了，纸就会薄；下手重了，纸又太厚。要得到一张薄而不破的好纸，《天工开物》总结出了"柔轻拍浪""持帘迎浪而上""抄浆着帘的一瞬间震动纸帘"三要素。如此重复荡料与覆帘等步骤，使一张张的湿纸叠积起来，上千张之后，上加木板重压，挤去纸中的水分。有的纸厂有专门的压水设备，就更加方便。虽说抄纸很累，但是工人们熟练的身手让旁人觉得像在欣赏一次精彩的表演。一个熟练的工人一天只能抄一案纸，一千五百张左右。

整理纸张。将粘连在一起的成沓的湿纸，用复杂的指法搓开，逐张扯出，张贴在内有炭火的炉子的墙面上，加以烘干，这道程序，也叫"松纸"。松纸和抄纸同为造纸工艺中的核心技术，也只有熟练的工人能够胜任。作为松纸的好手，松纸师傅握住一沓纸的一角，像揉面一样慢慢地卷过去，然后又抓住另一角，依样揉过来，四个方向各揉一遍。那一沓纸在他的手里就跟橡皮泥一样，任由敲敲打打，任意变换形状，都没有一张破损，直到所有的纸张都舒展开来。由于纸张多，一家纸厂要有很大面积的烘房，烘纸师傅不停地轮流走动查看。造纸过程中，不会将纸张放到太阳底下去晒，因为那样纸会变色。烘干的纸揭下后，对每一张纸都要进行检查，发现中间有破裂的、有孔的、有褶皱的，一律挑出，送回到打浆车间，重新化浆制纸。

成品纸，有的被卷成轴，就可以用毛笔写字了，但这样的纸，长短有差距，四边不整齐，还带有毛边，所以称之为"毛纸"。纸张上市前，纸厂还要将纸张裁切，使其大小相同，四边整齐。纸的包装自古以来，就有很多种。有五十张、一百张一刀，一刀一刀直接销售；有五十张、一百张一卷或者叫作一轴，外面包上一张废纸，一卷一卷、一轴一轴地销售；有的厂家利用竹乡较多的竹子，编织出各种不同款式的盒子，然后将纸放在盒子中销售，颇有韵味，又便于长途运输，最受文人喜爱。

毛竹造纸，一个生产周期需要八九个月。

手工竹纸技艺至今仍有流传，浙江安吉上墅乡龙王村建起了毛竹造纸科普馆，参观者可以参与互动。浙江富阳、江西铅山、四川夹江都有依古法造纸的景区景点，可供游者了解繁复、有趣的竹纸传统制作工艺。随着掌握制作技巧的匠人年纪越来越大，机械造纸的迅速发展，传统造纸工艺面临着后继乏人的情况，这也让手工竹纸显得弥足珍贵。

竹纸具有洁白柔软、浸润保墨、纤维细腻、绵韧平整等特点，有人赞之曰："淡画不灰、淡泼浓、浓泼淡，诗有烟霞气，书兼龙虎姿。"历来与以青檀树皮为主要原料的安徽宣纸齐名。

觅果饮露满山逐

——"竹林鸡"篇

有一种鸡,生于山间,长于林间,遍布天目山区,扬名全国,走向世界。它,就是竹林鸡!

竹林鸡,历来都分散饲养在各家各户。这家三五只,那家五六只,稍远一点的那户七八只,给鸡设笼过夜的地方比较大的人家,养上十几二十只都有可能。附近只要有几只公鸡,其他人家都是以饲养母鸡为主,母鸡可以多生蛋,同时还不担心新一代鸡的繁殖问题。

竹林鸡生长的环境,清洁、翠绿、生态。

一般在每年的春天,有一部分母鸡下蛋一段时间后,就会有孵蛋的"欲望",山农们称之为"赖孵",这种母鸡被叫作"赖孵鸡"。赖孵鸡停止生蛋,而且像中了邪似的待在窝里不肯出来,一副昏昏欲睡、无精打采的样子。如果主人不想让它孵小鸡，就要想方设法使它清醒过来，将它浸在冷水里、挂在树枝上，给鸡窝做一个高高的围栏不让它进入。最简单有效的办法，就是在它的尾巴上缚上一根细杆子，杆子顶上系着一两片三四十厘米长的有颜色的绸缎。鸡走动起来，绸缎就像旗帜一样飘扬起来。鸡看见飘扬的绸缎，以为是有什么东西在追赶它，害怕了，它会跑得更快，跑得越快，绸缎就会飘得越厉害，它就会更害怕，于是就一刻不停地奔跑，长时间不赖在窝里，它就会慢慢醒过来。

但如果需要它孵小鸡，这时，主人就该着手给赖孵鸡"选蛋"了。"选蛋"是个技术活，得挑选出已受精的鸡蛋。最常用的挑选方法是"照蛋"。将近期收集起来的十来个鸡蛋，拿到一个暗室里，点上煤油灯或是蜡烛，将一个个鸡蛋对着灯（烛）光，仔细观察。蛋中间有个黑点的，估摸就是已经受精了的，称之为"有点蛋"，这种蛋有可能孵出小鸡来；没黑点的称之为"无点蛋"，是不可能孵出小鸡的。"无点蛋"会很快被处理掉，或是卖了换盐，或是做菜，或是作为礼物送给亲戚朋友。

选蛋完成后，需要单独做个窝。先放点干净的稻草，再铺上一些柔软、干燥、暖和的棉絮或旧衣服之类的东西，然后放入选好的鸡蛋。

母鸡抱窝孵小鸡，代表了动物界母爱的真情实意。母鸡一天到晚、一夜到天亮都待在窝里，全天候连轴转，从不离开。它伸展开翅膀，将鸡蛋捂在身子底下，两眼警惕地观测着周围的变化，防止外来侵入者攻击。有时在翅膀和双脚的配合下，还会小心翼翼地将身子底下的蛋翻个、移位，尽量使所有鸡蛋受热均匀。这些母鸡，可以多日不吃不喝，或者少吃少喝，只有女主人去喂它时，它才会放心地在窝边吃点东西，吃一会儿马上回到窝里。

孵小鸡需要二十天到二十五天，在个这过程中，一般要进行两次检测。第一次检测是在第十天前后，将鸡蛋放在温水中，看它们会不会有所抖动，能轻微抖动的基本会准时出壳。放在温水中检测，同时也给鸡蛋适当补充了水分。第二次检测是在第十七天前后，这一次，一是再次给鸡蛋补充水分，二是要查出不可能孵出小鸡的"寡蛋"（有的地方叫作"秃蛋"），三是要了解鸡蛋受热是否均匀。检测中会踩水的鸡蛋被放回窝里继续孵化。没有反应的基本就是"寡蛋"。取出疑似的"寡蛋"，轻轻摇晃，能听到"咕噜咕噜"异响的，必须把它挑出来，扔得远远的。"寡蛋"有一股"臭皮蛋"样的浓臭味。经验告诉我们，"踩水"后的鸡蛋出壳会更快，成活率也会更高。

经过二十一天的细心照料，小鸡陆续啄破蛋壳，破壳而出。有的鸡蛋蛋壳内膜比较厚实，有经验的母鸡会帮助小鸡啄个小洞洞；如果赖孵鸡是只上一年的新鸡，没有当妈妈的经验，就需要女主人细心照料，亲自助力，轻轻地将里面有动静的鸡蛋敲出个小缺口，然后用缝衣针之类的仔细地挑破薄膜。不久，里面的小鸡就会很快将包裹着自己的蛋壳啄出个大口子来。由于鸡蛋受热不均，也有延迟几天破壳而出的情况。

健康的刚出壳的小鸡，先是全身湿漉漉的，绒毛紧贴在身上，头部不停地转动，东张西望，毫无顾忌地观察着这个新世界。过了一会儿，小鸡不停地抖动，绒毛上的水分渐渐减少，它们的身体就慢慢圆润起来。小鸡的双脚，起初有点颤抖，不一会儿，它们就会迈开步子，在地上画起竹叶来。鸡的嘴巴尖小而鲜明，它生来就是啄食的，因此比较硬朗，在老母鸡的示范带动下，小鸡们很快就会在地上擦、磨尖嘴，捡食细小的米粒和冷饭。

出壳不久的小鸡，需要先放在大脚盆里或者用竹篾编织的软箪子围起来的平坦地面上饲养几天，主要是为了让这些稚嫩的小东西免遭成年鸡、狗、猫甚至黄鼠狼等的侵扰。

由于小鸡不需要喂奶之类的照护，所以很快就可以放养。竹林鸡自然都放养在竹林中。小鸡出壳一个星期以后，每天早晨，由老母鸡带着出窝。太阳西下，老母鸡又会准时地带着它们回窝。在老母鸡的带领下，小鸡们先是只在房前屋后和山脚下寻找食物。老母鸡以其独特的叫声，不停地呼唤着小鸡，生怕小鸡走失。如果找到了丰富的食物，老母鸡的叫声短促而紧凑，节奏明显。这时，小鸡们就会蜂拥过来，哄抢食物。如果食物不多，老母鸡还会慢条斯理地捡起食物,嘴对嘴地喂给离自己最近的小鸡。小鸡出窝后,有的老母鸡很快就会清醒过来,不再喜欢带小鸡,独自去寻找食物。而有几只小鸡还以为它还是那温柔善良的好母亲,一直紧随其后,这时就会发生小鸡走失、遇到危险等情况。面对这突如其来的变故,女主人就会想办法延迟老母鸡的清醒时间,大多是在它的一只脚上吊上一只破草鞋之类的东西,迫使它行动缓慢,也不能远行,而且始终与小鸡不离不弃,母鸡的母爱情结衰退得也会缓慢许多。

小鸡在老母鸡的照料下,很快长大、成熟起来。个头一天天大起来,走路一天天快起来,叫声也从"叽叽"变成了"咯咯"。雄鸡的叫声变化更加明显,成熟的雄鸡每天早晨会自觉地打鸣。

竹林鸡成熟与否,山里老妈妈们的经验是看鸡毛是否出齐了。三个月之后,小鸡的鹅黄色绒毛渐渐褪去,翅膀、尾巴上长出了硬邦邦的毛发,其他部位则换上了带有黑色、黄色、白色、红色等多彩的有层次的绒毛,不管母鸡、公鸡,都会张开翅膀连跑带飞向前奔了。如果处于高处,自上而下,它们还会顺势翱翔十几米。每只鸡都长出了鸡冠,雄鸡鸡冠更加高大挺拔。五六个月后,公鸡开始打鸣且鸣音洪亮,同时,鸡兄弟们还会为争地盘、争宠而互啄,高兴时便追逐母鸡压蛋。母鸡鸡毛出齐后,便开始下蛋。母鸡第一次下蛋,一般会被赶回到窝里,但如果路远,而且又没有经验,半路上下蛋的情况时有发生,有的甚至索性就生在竹林里。经验告诉山里的女主人们，母鸡第一次在哪里下蛋，它以后就会经常在这个地方下蛋。如果是家庭放养鸡，女主人会及时掌握母鸡下蛋的规律，将喜欢在外下蛋的鸡，在它再次下蛋前，将它关在鸡笼里，连续几次之后，就能纠正它在外下蛋的坏习惯。

正因为鸡有这样的特性，在竹林里养鸡，会发生一些令人称奇的事情。有一天，一户人家的一只老母鸡突然不见了，家人后来找了几天也没有找到。过了个把月，正当这家人心灰意冷，不再有找到这只鸡的打算时，这只母鸡却神气活现地带着一群小鸡回来了。母鸡和小鸡都长得肥胖而结实。原来，这只母鸡经常将蛋产在竹林间的某个地方，够一窝了，它就自己抱窝孵小鸡，小鸡长大后，它骄傲地领着孩子们回家了。这给主人家带来了一个莫大的惊喜！

毛竹林里，鸡的食物尤其丰富。有植物的根、茎、叶、果，山溪里的鱼、虾、蟹、鳅，泥土下、天空中、树枝上，或是爬行，或是飞舞，或是躲藏着的各种昆虫。尤其是，天目山区山高河深，海拔落差大，各种海拔的植物、动物汇聚一起，其间还深藏着众多品种的中草药，营养成分丰富。为了能吃到更多的食物，这些竹林鸡要追逐飞舞的蜂蝶，尾随螳螂、蜻蜓，飞下山谷喝水，爬上树梢采撷，漫山遍野，追逐不息。动得多了，所以它们的个头都不大，但羽毛紧凑，身体结实。

竹林鸡是人间佳肴。成年母鸡几乎天天下蛋，而且蛋的味道独特，是蛋中极品。就连鸡蛋在孵化过程中，也能做成食品享用，这种蛋被称之为"喜蛋"。喜蛋里面的鸡是发育正常的。孵化七天到十二天，鸡毛未长，鸡身初成是一种；孵化十五天到十九天，胎毛基本长齐，不久就要破壳而出，这又是一种。出壳后一个月到三个月的鸡，叫作"仔鸡"，这时候，鸡还很嫩，只需洗净直接放在锅里清炒、爆炒就行。四个月到八个月的鸡，也不显老，正是烧制白斩鸡的最好食材。鸡龄在一年以上的，当然适宜炖全鸡，制作囫囵鸡、烧鸡、烤鸡，或者红烧鸡块。

近几十年来，散养竹林鸡的规模逐渐缩小，一大批养鸡专业户、家庭农场、家禽畜牧企业却蓬勃兴旺起来，这些人饲养的竹林鸡，品质没有改变，饲养技术提高了，精粗饲料搭配规范了，动物防疫措施落实了，更加适宜的品种引进来了，竹林鸡的饲养量提升了，竹林鸡的品牌建设也有了新进展，竹林鸡的美名开始远扬海内外。

柔软草鞋踏林间

——"草鞋"篇

"晴天上山撸松毛,落雨屋里打草鞋。"这是一句在天目山区流传甚久甚广的俗语,说的是山里的妇女,晴天到山上将坠落在地的金黄色的干燥松树叶子收集起来,然后弄回家当柴火使用;下雨天就在家里精心地编织草鞋。

草鞋,顾名思义,就是用柔软的草编织的鞋子。

编织草鞋,有的地方,由专人完成,编织好后挂在村口、街头、南杂货小店或自己家中销售;有的地方,几乎家家户户都备有一套草鞋编织工具,而且,每家每户都有人会动手编织,家里人的草鞋差不多需要更换了,立马准备材料,连夜编织,绝不会影响其出工、挣钱。

编织草鞋,需要有一套专用工具,天目山区的百姓称之为

"草鞋床""草鞋马子"或者"草鞋架子"。草鞋床由耙头、腰围、扳手和底板几个部分组成。

耙头用厚实、硬朗的大杂木做成,有的用檀树,有的用青冈栎,也有用板栗树的,在当地,哪一种树质地坚硬,就挑选哪一种。耙头的造型很特殊,最前面的部分是一个像弯曲的食指模样的又粗又大的钩子,它紧紧地扣在一条大板凳的一头,不管如何拉扯,都能保证整个耙头静静地定在长凳上,稳稳妥妥,纹丝不动。成"丁"字形与它镶嵌在一起的,是一块横着的长方体木头块,五十厘米以上的长度,十厘米左右的宽度,二十厘米的高度。这两部分实际上组成了耙头的底座。在这块长方体木头朝上的一侧,整齐地镶嵌一排尖头朝上的粗粗的木钉子,一般有六七个,这才是真正的耙头。耙头的制作,要求很高。每一根耙头,一头要做得尖尖的,而且光滑,像钉子一样;另一头要做成正方形的,在长方体木头上方,木匠师傅会凿出一排深度五六厘米正方形的孔洞,然后将耙头镶嵌上去,耙头就会牢牢地固定在上面。耙头都是粗细均匀,中间一根或两根特别长。

腰围是由一根弯曲的树枝和两根细软的带了组成。选用一根"弓"字形的树枝,以弓背为中点,两头留下十五厘米后截断,两边长短一致。在弓背中点朝上的一面,钉上一根用毛竹竹枝削成的短钉子;"弓"形木头的两端各削出一个卡口,分别绑上一根细软的绳子。"弓"字形树枝和两根绳子组成的腰围,箍在腰间,绳子的两头在后腰部拉紧打结,便可以编织草鞋了。

打草鞋用的扳手为木制,扁扁平平的,均匀地在平板上锯出三到五条空槽,其形状像一只平摊的手。

与扳手配合使用的是一块一面平坦、一面刻有台阶似的扣子的底板。编织草鞋时,底板有扣子的这一面朝上,一端抵住耙头,扳手的五爪穿过主绳,扣在底板的扣子上,稍加用力往身体这边扳动,就可以让编织草鞋的草绳之间的缝隙缩小,从而使草鞋更加结实、牢固。

编织草鞋时,还经常要用到木榔头等工具。

编织草鞋的原材料,在种植水稻的地区,大多采用糯稻稻草,稻草既长又软,还有韧性,编织时顺心顺手。天目山区的老百姓,却能从实际出发,充分利用本地资源。很多人选用漫山遍野、随处可得的毛竹壳(俗称"箬壳")来编织草鞋,真正是废

物利用。当然，还有人采用生长在悬崖上的龙须草编织草鞋，但那实在有浪费的嫌疑，一方面，龙须草采集时比较危险；再一方面，其数量不多，不能维持长期选用的需要。

编织草鞋前，先要将耙头安装在一条大长凳上，如果耙头和凳子存在空隙，还要塞入木片、书本等小件物品，确保其稳固不动。紧接着，将没有霉烂的干燥的竹壳放在清水中浸泡，浸泡十五分钟即可，这样能使其不易被折断，增强了柔软度。（如果用稻草，要将稻草晒干，不让它发霉、生虫，保持漂亮的金黄的颜色。使用前，还要用木头锤子捶打一番，达到增强其柔软度的目的。）再抽出几丝麻片，搓成两根粗细均匀的细麻绳，将麻绳对折，在麻绳的中间位置结出一个宛如牛鼻子的扣子，这时，两根细麻绳抽出了四个头，变成了四根，它们就是编织草鞋的主绳。刚编起的那个牛鼻子扣子，直接扣到了腰围上的那个竹枝钉子上。四根细麻绳的另一端缠绕在一起，打个结，分开套到耙头上，成为编织草鞋的经线。（也有的直接用笋壳搓成经线，但没有麻绳牢固，经久耐用。）

细麻绳是编织草鞋的经线，接下来编织进去的毛竹壳，自然就是编织草鞋的纬线了。在编织草鞋时，要拉紧主绳，将竹壳一分为四，不断地旋转，还要一根一根连接起来，使其变为线绳状，然后紧紧地编入主绳当中，成为草垫模样。编织草鞋，是从"草鞋鼻子"即鞋子的头部——鞋尖开始，一步步往下，并且要随着脚型的变化而变化，有宽有窄，宽窄适当，但不分左右。编织过程中，要在草鞋边缘适当的部位，打上四个留有空隙的纽，用于绑鞋带和后跟定型。为了使草鞋结实、耐用，在编织过程中，要不停地用扳手扣住底板，用力地扳紧，有时还要借助小榔头敲打敲打。草鞋成型时，脚尖附近比较宽大，脚跟部分比较狭窄，呈平面状。在完成编织收口时，师傅将旁边的两根主绳留出了一定的长度。师傅们用榔头不断地敲打，使草鞋更柔软，更适合人穿。继续敲打后跟部分，然后弯曲，再将收口时留出来的主绳分别穿过两旁的纽扣子，适度拉紧，固定。这样就基本完成了草鞋的编织工序。

其实，真正可以将草鞋穿到脚上，还有一些事情要做。拿到一双新草鞋，需要将草鞋鼻子、边缘的纽扣子向鞋面拨弄一下，然后安上鞋带。安鞋带时，要将中间位置固定在草鞋鼻子上，穿过两边纽扣子，然后在脚背上形成一个活络的十字结，再穿过鞋后跟边缘上的主绳，拉紧后打结，草鞋就不会脱落了。

天气炎热，可以光着脚穿草鞋，但是，双脚容易被山石、树丛划破。遇到潮湿的天气，还会招惹山间的蚂蟥。天目山区的林农喜欢用山袜配草鞋，安全实用。

在山里干活，穿草鞋既轻便又防滑，配上山袜，就更加方便，可以直接走进林间，哪怕是进入一片茫茫的荆棘丛，也无所顾忌。即使目前草鞋货源稀少，还是有人喜欢购买，穿着草鞋上山，有人还认为"穿草鞋比穿解放鞋安全、方便"。

近来，一批怀旧的人更是把草鞋作为忆旧的"引子"，悬挂在茶室、农家乐、民宿比较显眼的墙壁上，这些挂件、摆设，成了农家后代的宝贝！

贵客来了请沐浴

——"浴汤浴"篇

洗澡,竹乡安吉人叫作"浴汤浴",到现在还是这样叫。

在家里洗澡,在今天看来,那是太平常不过了,也太简单了。将热水器里的热水一放,调好水温,人站在花洒下,任意擦洗,水保持常温,好不舒服。

然而,从前,尤其是20世纪80年代以前,在安吉,农村根本没有热水器,所有的热水都需要用柴火烧开,包括喝的开水、洗脸洗脚的热水和洗澡水。好在安吉山区,柴草丰富,有的人家早在春节前就将一年的柴火准备完毕,不管下雨还是下雪,烈日还是刮风,无忧无虑。当然,也有的人家,由于缺乏劳力,忙于应对农事,赚取工分,柴火准备不充分,遇到长期阴雨,或者经历一段时间紧张的农事之后,缺柴烧也是常有的事。安吉山区就曾流传一句俗语："秋雨哗哗，有米无柴。"说的就是"双夏"（即夏收夏种，也叫"双抢"）过后，安吉的秋天多雨，早稻收进来了，米是有了，遇到绵绵秋雨，却没有柴火，将家里弄得相当狼狈。这句俗语劝诫人们要有备无患。

安吉山区柴草丰富，一种独特的洗澡方式"汤浴缸里浴汤浴"非常盛行，至今还保持着一定的生命力。

汤浴缸（极少数地方叫"浴汤缸"），其实就是一座低矮的大单灶台，砖砌，石灰抹面，灶面呈正方形，锅子是圆的。低矮，是要让洗澡的人上下方便，包括老人和小孩，因此，一般高度在八十厘米以下，或者更低点；有的稍高点，但要在灶前铺上几级台阶。单灶，代表只有一口锅。大，那是相对于烧饭的灶台而言，锅子必须容得下一到两个人在里面洗浴，一般是直径八十厘米到九十厘米的大锅。过年杀猪时，还要用它褪毛。

汤浴缸的底下，是一个可以塞进柴草的大空间。燃烧柴草，必须有一个烟囱，烟囱最好是直着通天的，排烟方便，不会造成烟雾倒流从而导致室内烟雾熏染。但有的受条件限制，只能做成弯的，烟不得不从侧面冒出去，直接排到屋外。燃烧柴草，灶门口时不时地会有烟和灰尘窜出来，于是，汤浴缸靠灶门口的一侧，一般都筑有一堵墙，挡住烟尘，使其不会落到锅内污染洗澡水。人在锅中洗澡，锅底下是燃烧的柴草，洗澡的人是不是会被烫伤呢？担忧的人实在太多，于是很多人不敢在里面洗澡，特别是一些城里人，几乎听都没有听过。有人不断地往灶洞里塞进柴火，铁锅里热气腾腾，洗澡的人左右开弓，还呼呼地叫着……你不被烫伤才怪呢！一看这架势，有的人立刻被吓跑了。记得我小时候就碰到过一回，我们的邻居家来了一位年龄和我相仿的杭州客人，他吵着要洗澡，邻居就将他带到我们家里，和我一起烧汤浴。汤浴烧好了，可以洗了，我们认为他是客人，一定要他先洗，他要其他人洗了再说。第一个人洗好了，再叫他洗，他说害怕不洗了，一溜烟跑了。那天，我第一次听到有人骂"杭州赤佬"（那可是善意的调侃）。其实，汤浴缸里洗澡的装备虽然简单但是实用，一锅热水、一块洗澡布、一块圆木板，通常，旁边还有一桶冷水。锅底烫了，木板垫在屁股底下，那就没事了。水太烫了，加点冷水，也会马上舒服起来。要是水不够热，你就招呼一声，就有人来添上一把柴火。

汤浴缸，随着历史的发展也不断得到改进。比如汤浴水，最早是要从较远的小溪小河里一个人挑（担）来或是两个人抬来，后来是在附近的水井里打上来，再后来就是自来水龙头安装到了汤浴缸里，到如今，已经有人家将太阳能热水器的热水直接放到汤浴缸内，人可以舒舒坦坦地泡澡。再说汤浴缸的墙面，以前是石灰粉刷的，很容易剥落；后来添加了水泥，牢固度有了，但很毛糙，容易伤到皮肤；现在，几乎全部用瓷砖铺面，漂亮整洁！

说起"汤浴缸里浴汤浴",还真是有点讲究。比如洗浴的先后顺序,男在前,女在后;长辈在先,小辈要主动让后;客人在前,主人更是要到最后。当然,也会有人因为有事要先洗,大家都会谅解。有的人毫无理由却要抢先洗,管你同意不同意,他脱了衣服就往浴缸里钻,人家再严厉地骂,他也当作没听见,洗完了就跑。小的时候,我们生产队开会、评工分、选队长,都在我小姑姑家里。她家一直是有汤浴缸的,先是在厨房间的隔壁,后来向外搬迁了好几次,每搬迁一次,她们家就多了一间小房子,如柴火间、农具间、养猪间,最后将汤浴缸与卫生间分开了。我从小就喜欢晚间在她们家玩,顺便洗个汤浴。在我上学以前,我在男同胞里面排在最后洗,还没洗好,外面就有人催促,其中就包括伯父家的一位堂姐和大姑姑家的那位最小的表姐。有几次,她们拿着衣服冲了进来,我用汤浴水将她们赶了出去;有几次实在是敌不过她们,只好赶紧起来,光着身子,抓了衣服,灰溜溜地逃到外面,再穿上衣服。事情过去都五十多年了,我们都将成为老年人,想起来这些事,感到十分好笑。

在安吉山区,请人浴汤浴,是对人尊重的表示。哪家汤浴烧好了,请邻居家的老人来洗,老人会非常感动。弟弟曾经总结父亲的待客标准:"搞点酒喝喝和烧个汤浴洗洗,是父亲待客的最高礼节!"后来据了解,不仅仅我们父亲是这样,还有很多人的父亲、母亲也都这样。

倘若没有干扰，环境相当宽松，那么，在汤浴缸里浴汤浴，是非常惬意的事情。你可以在温水里，时而舒展身子，舒缓地呼吸；时而盘起双腿，静静地沉思；时而坐在锅子边，用洗澡布在背上反弹着小提琴；时而打着哈欠，躺在灶沿上休息。小孩子浴汤浴，看见汤浴缸里有一片竹叶子浮在水面上，就会浮想联翩，很兴奋地告诉大人，自己在划船。

有一个与汤浴缸里浴汤浴有关的温馨时刻，最让人难以忘怀，也体现了父母对孩子的爱。当孩子还小时，尤其是冬天，为了不让孩子受冻，常常是一家三口一起洗浴。父亲先下到汤浴缸中洗一会儿。母亲将孩子衣服脱掉，披上一块软毛巾，迅速地将孩子递给父亲。父亲在给孩子洗澡；母亲先在灶洞里塞进柴火，接着整理好孩子要穿的干净衣服，然后也脱光衣服下到汤浴缸里，从丈夫手里接过孩子继续洗浴。父亲起来了，简单地穿好衣服，赶紧在灶洞里塞进一些柴火，为汤浴水加温。再让妻子将洗过澡的孩子递过来，立刻用干毛巾将孩子包裹起来，然后给孩子穿上衣服。父亲在洗浴时，如果水不够热，母亲烧火；母亲洗浴时，水不够热，父亲可以加把火。这样的浴汤浴场景，大小和睦，夫妻配合，动作协调，还有那热气腾腾的汤浴水，实在是人生最温馨的时刻！城里人不妨到乡下去试一试，感受一下。

有一种汤浴，具有治病、强身、健体功效，叫作浴艾叶汤。将汤浴缸清洗干净，然后放入少量的清水，水烧开后，再将干燥的艾草浸泡在开水中。过一会儿，在汤浴锅上横着架上一块干净的木板。洗澡的人脱光了衣服，端坐在木板上，让夹杂着浓浓药味的热气蒸熏。这时，还要有人不停地添加柴火，确保洗澡的人得到药气完全的蒸熏，还不受冻。洗澡的人满身是汗，就达到了效果。有的人不适宜蒸熏，那就将汤浴水加满，烧开，放入艾草，等到水冷却下来，可以洗浴时，才将整个身子浸泡在艾叶水中，洁净全身。听母亲说，这种洗澡方式对产妇最好，因为艾叶没有任何刺激性，还有助于舒筋活血、祛除湿寒、杀菌消毒。

汤浴缸里浴汤浴，这种农村山区传统的生活方式，自然也存在瑕疵。比如，每个人在大家面前赤条条的，完全将自己的隐私暴露无遗，会导致一些好事者说三道四。以前，农村里有汤浴缸的人家并不多，有的生产队集体建一个，农户自己带柴火过去烧，因此，浴汤浴的人比较集中，少的七八个，多的时候有二三十人，汤浴水会很脏，这为某些皮肤病传染病蔓延提供了条件。

汤浴缸里浴汤浴，充分体现了竹乡人利用资源优势的智慧；汤浴缸里浴汤浴，可以交流感情、传递信息；汤浴缸里浴汤浴，还可以看出每一个人的素养和品质。汤浴缸里浴汤浴这种生活方式，慢慢地将会消失，为了它存在的历史以及曾带来的美好回忆不被人忘记，遂作此文，留作记忆。

千捶百揉年味来

——"水碓打年糕"篇

天目山像一条绿色的长龙,纵贯于祖国的东部沿海地区,山脉所覆盖的区域,高低落差明显,山高水急是这一地区的特色。于是,在天目山区民众的记忆里,与水有关的生产生活方式颇多,"水碓打年糕"就是其中之一,它深深隐藏在重重叠叠的往事中。

将大河或者小溪里的水,引导到一个面积半亩到一亩大小,深度在一到一米半的池塘里。池塘四周全是大石头垒砌,水经常淹没的石头缝里长满了水草,水面以上却生长着水陆两生的常青草,像黄芪、万年青等,石埂边上的沙子底下,潜伏着许多泥鳅、黄鳝和螃蟹,那是我们孩提时代最喜欢捉拿的"特务"。池塘的下游处,有着一个宽约两米的出水口,口子上建有一个水闸，水闸的两旁竖着两根凿有凹槽的大木头，并紧紧地嵌入石埂之中，八九块宽度、厚度、长短一样的木板，一块一块地侧着插入凹槽里面，池塘里的水便会很快地注满。水满到一定程度，建在池塘一侧的一条溢洪道便开始有水流出，流到大河里，或者流入另外一条引水渠中。这便是水碓坊的重要部分——蓄水池，主要功能是蓄水。

一位师傅，拿着一根一头削得尖尖的小竹竿，用力地插到闸板底下，算是打开了水闸。水闸打开，水便会从闸板底下冒出来，沿着一个由厚木板拼制而成、两边加了边框的、像挑梁似的引水槽直涌而下，水冲击着安装在引水槽下方的一个立式大水轮。水轮上装有十几块板叶，水冲击着板叶，水轮便会顺着水流冲击的方向开始转动。水轮转轴的两头均装有彼此错开的拨板。用一根或几根大木头做成的碓杆，与水轮转轴成垂直方向安装在水轮的两边，碓杆的一头就放置在水轮拨杆的下方，另一头安装了一个大榔头。大榔头有的用材质较硬的木头做成，有的就直接安上一块经过雕琢的长方体青石。拨板是用来拨动碓杆的，水轮转动起来后，工匠师傅调整好碓杆的高度，拨板就会有节奏地拨动碓杆，碓杆会利用杠杆原理上下摆动，带动另一端的大榔头也上下运动起来。大榔头所能捶打到的地方，要么是一只大石臼，要么是一块平坦的大板石，以前舂米、舂香粉，就是利用它来完成的。大榔头一锤一锤下去，摆放在大石臼中的稻谷立刻会由金灿灿变成黄白相间,过不了多久,白色又成了主色调。将石臼中的米糠混合物取出来,再经过米筛一筛,白花花的稻米就舂好了。

"过年三件事,杀猪、打年糕、做豆腐。"过年吃年糕,是天目山区老百姓比较重要的习俗。有年糕,才有过年的氛围;有年糕,预示着明年有更好的收成、更高的收入、更大的进步——年年高。

冬至临近,家中大人们就开始着手准备打年糕了。从新收的晚稻米中挑选最好的品种,称上一二百斤,先用稍大孔的竹筛子筛一筛,去掉残留的稻谷和粗的杂物;再用小孔的竹筛子筛一筛,去掉细沙、细糠和灰尘等。将干净的米倒入大水缸里,用清水浸泡,一般浸泡七到十天。

接下来就要四处打听,哪个水碓坊最近会开碓打年糕。消息确定后,立马赶到这个水碓坊,根据自家浸米的天数,与水碓坊负责人约定了打年糕的日期,并按照约定的日期排队挂号,这样便心中有底了,再做其他准备。

米浸了,就要准备柴火。如果排在约定日期的第一号,由于是冷锅冷灶,柴火就要多带些;如果排在中间,就要省好多了。有的人平时就很精明,打年糕也不会马虎,这人会在之前仔细打听排在自家前后的是谁,然后多翻几次嘴皮子,要这家多带点,请那家多背点,打年糕的柴火解决了,自己却一毛不拔。

打年糕，这是当家人在过年之前必须做好的大事情。因此，打年糕那天，家里人几乎全都要早早地光临水碓坊。大人先是用一种缝隙较大的篾丝箩筐将年糕米淘干净，然后，怀揣着过年钱的一部分，或者用双轮车拉，或者用独轮车推，或者用肩膀挑，将湿漉漉的年糕米送到水碓坊，有点力气的小孩背着柴火去，最小的孩子跟在后面，有时还要哭着闹着拖后腿。

到了水碓坊，将米和柴火交给一个管理人员，并按照米的重量交费用。有时，年糕米还要称一称，有时也就由着户主报个数，看上去差不多也就算了。管理人员将收到的柴火堆放在附近的角落里，再将湿米排成排，每个箩筐各插上一根编上号的长长的篾签，以此区分不同的户头。

接下来是很长时间的耐心等待，有的等上半天，有的要等到后半夜。等待的时间长短，受到许多因素的影响，比如每个户头打年糕的数量多少、带来的柴火干燥程度、池塘上游水流量的大小，还有师傅调换人手的节奏等。那种考验耐心的等待，与过年到来的喜悦并存，就没有焦虑与烦恼，倒是还有点愉悦的快感。

等到了，等到了，终于等到了这一步，此刻便知道打到了自家的年糕。只见其中一位师傅将湿米倒进了一个大石臼里，然后站起身，背起大榔头，卸下撑在大榔头下面的木头撑杆，缓慢地一放,碓杆的一头正好与水轮转轴上的拨板相遇,拨板将它往下压,另一头的大榔头就高高翘起;拨板翻过后,碓杆失去了压力,另一头的大榔头就嘭的一声,稳、准、狠地捶在了大石臼里。随着水轮不停地转动,拨板和大榔头好像骑着跷跷板一样,不断地如此往复,大榔头翘起来、捶下去,一下一下地舂着湿米。师傅拿着一把洗帚,不停地将溅开来的米粉集中起来,有时还要用手将底下的米粉翻个个。旁人看着,生怕师傅会被大榔头砸着,很是危险。可在师傅们的眼中,这只是区区小事。我们经常去打年糕的老程家,连他们家里的女人,无论是老板娘,还是两个女儿,都是操作碓杆的高手。米慢慢地被砸碎,变成了米粉。

　　米粉被几个人从大石臼中取出,倒进一个大竹匾中。另一个师傅拿来一把竹筛子,将米粉细细地筛一遍。当轮到有一口锅空下来时,他立马将这口锅倒满清水,扣上木制的蒸笼,然后用畚箕将米粉盛到里面,盖上盖。一蒸笼米粉一般在十公斤上下,所以,年糕以前是以"蒸"为单位的,一蒸年糕十公斤。蒸米粉的灶头,需要同时蒸几个蒸笼,一般沿墙建造,利用一个转角,安上五口锅,两侧各两口,墙的转角处建有烟囱,也安了一口锅,两端都是进柴口。蒸米粉,看起来简单,却是技术活。既要把握数量,又要把握蒸的时间,蒸的时间短了,米粉没有熟透,打起来的年糕浸在水中不久就会化开来。

蒸熟了的米粉被一位师傅连同蒸笼一把端起,并大呼一声"来噜",一口气被送到另一个大石臼中。一位戴着手套的师傅,右手拿着一根两头削成铲刀似的厚厚的竹片,早就等在那里了。只见他用竹片在米粉当中用力地戳几下,然后启动碓杆,随着大榔头的敲击,他不住地将分散开来的米粉再集中起来,十分钟左右,石臼中的米粉变成了米粉团子,这个大团子有时还会粘在大榔头上,师傅要迅速地将它摘下来,并不断地翻个,这样持续十几二十分钟,一个年糕团子就做成了。

在这个过程中,家中有小孩的,会要求正空着的师傅从年糕团中摘下一部分制作小年糕,摘下的这一部分叫作"年糕花"。

利用年糕花制作一些有花样的小年糕,是个精细活。先要忍着烫不断地搓揉，将搓揉过的年糕花摘成一个一个小团子，取出用木头做成的模板，把小团子塞进模板里面，然后用一块板一压，一条小巧玲珑、样式好看的小年糕就出来了。这些小年糕，一面印有一个图案。原来，那些模板上雕刻了年糕的模样，并且还有"龙凤呈祥""龙腾虎跃""双喜临门""五谷丰登""年年有余""年年高"等体现吉祥、丰收、喜庆的图案和字样，因此，这些小年糕特别受人喜欢，尤其是孩子们。

更有细心的大人，会在家里带一些赤豆过来，烦请师傅帮着捏几个小白兔、大公鸡、小鸭子，用赤豆做眼睛，活灵活现的，孩子们拿着，还不肯吃呢！拿回家里，等到睡觉了，大人才将它们藏好，到时候与其他年糕一起浸在水中，能保存好久好久。

年糕团子做成后，年糕还不能算打好。只见一个师傅将十公斤左右的年糕团子一把捧到一张长条桌上，双手捏成锤子状捶打，然后沿着周边按下去。另外两位师傅，拿来一根大毛竹，两头分别骑在胯下，正中间压在年糕团子上，两人同步左左右右一跳一跳，另一位师傅同步用手将年糕团子慢慢地旋转移动，十几二十下后，这个年糕团子变成了一个圆饼的形状，厚度在两寸上下。这时，其中一位师傅用手在年糕上一拍，高兴地叫道："好！"然后，他拿出一根长长的棉线，放在圆饼下，通过中心点拉直，紧接着往上猛力一拉，圆饼一分为二；他又将棉线放置在当中，竖起两大块年糕，又是猛地一拉，圆饼便被分成四块。这有一个专门的叫法：一蒸年糕分成了四角，每一块年糕称之为"一角"。到此，整个制作年糕的过程可算完毕。接下来，顾客自己将年糕弄回家，摆放几天，然后浸泡在水中，安心地等待过年。

水碓打年糕，现在已不太见得到了，几乎每一个步骤都用机器代替了。为了记住曾经有过的历史，特撰此文以记之。

清香源自"木水火"

——"水碓舂香粉"篇

夜深了,我从睡梦中醒来,屋内屋外,一片寂静,灯光下,只见母亲还在做着针线活。稍微清醒一会儿后,我隐约听到远处传来沉闷的"嘭嘭"的敲击声。

"妈,这是什么声音?"

"这是河边刚竹窠小程家在舂香粉。"母亲回答道。这样的情景,在我孩提时代常常出现,至今还时不时地浮现在脑海中。

发源于家乡崇山峻岭间,穿村而过的统溪河,在白坎坞桥附近有一个拦水坝,拦水坝的西岸有一个缺口,一条小溪流从这个缺口流向小程家,带动了他们家的水碓。水碓的大石臼里,有时候是米粉,那是在打年糕;有时候是嫩竹子,那是在造纸;有时候是一段一段的杂木,那是在舂香粉。

舂香粉，简单地说，就是将各种什木粉碎成粉，香气最好的制作成宫廷木香，次一点的制成佛事用香，加上一定比例驱虫草药就可以制作出驱虫蚊香，最差的作为注塑用木塑复合填充材料。

从高山上砍伐下来的杂木，长短不一，粗细均可，直的弯的有权的，都是可用之材，最好是有明显香气的，比如香樟树、檀木、柏树、花梨木等，大多在天目山区均能找到，只是数量有多有寡。杂木，有的气味醇厚沁香，有的辛香刺鼻，有的淡雅轻柔……用它们来制作香品，气味芳香，具有安神、养气、祛病等功效。

木材到场后，师傅们要根据木材品种，进行简单的分类。如制作类似于宫廷木香的木材，要求品种单一，香气纯正，檀香就是檀香，柏香就是柏香，从选材到加工制作，不得混入半点其他材质。因为在帝王统治时代，稍有差池，是要掉脑袋的！你想，从前只有皇帝可以享受的摆设里面，飘出袅袅香烟，在香气的熏陶下，众人仿佛进入了缥缈世界，倘若皇帝无意之中说出："此香不纯。"舂此香粉的人就犯有欺君之罪。要求低一点的香粉，香气相近即可。当然，普通香粉，是不计较材质的，只要有点香气就行了。

杂木从堆场被拉到水碓坊内，堆放在一侧。师傅们已将大榔头下面的石臼换成了大木桩，相当于一块木砧板。水碓坊内，上下挥舞的大锤子叫作"锤嘴",在锤嘴上,已绑上了一把大刀。大刀口子朝下,左右两侧塞进了坚硬的木条,用于固定大刀的位置,保证其牢牢地捆绑在大锤下,绝对不脱落、不歪斜。水碓启动后,师傅们根据刀起刀落的节奏,慢慢地将长长的杂木送到刀口下。刀口十分锋利,一刀下来,小树立刻被截断,大树也会被砍入一半。三下五除二,一根长条树干很快就被截成一截一截的段木。一天下来,段木就堆积如山了。

　　段木被再次移到水碓大锤附近,师傅一根一根地将段木竖起,对准刀口放稳,一刀下来,段木一分为二,一段段、一片片,不断地往复,粗细不一的杂木段不久就变成了细木条。

细木条还需要继续细化。师傅已经将水碓大锤下面的大刀卸了下来，倒扣上了一个铁制的帽子，这个铁帽，亮光光的，要么是经常使用，要么是被小心翼翼地保管，或者既经常使用，又贴心保管，反正它牢固地安在大锤之上，闪闪发亮，十分抢眼。下面的木桩也换成了平整的大石块，面积要比木桩大得多。一根根细木条摆放在石块上，大锤有节奏地落下来，慢慢地，木条就被砸成了小木片，开始柔软起来，甚至可以用手将它弯曲，而且有时会有细粉末溅起，但不多，大多材质还是粘连在一起的，宛如被撕扯过的杜仲叶，叶破筋连。

接下来，就是要将小木片继续砸碎。水碓大锤的一头仍旧用铁窟包着，而下面的石板又被换成大石臼了。随着大锤的升降，师傅将大把大把的小木条塞入石臼中，任由大锤捶打，目的就是要将其砸得粉碎。过了一段时间，木条砸碎了，细粉末和一些稍长点的木屑混合在一起，填满了大石臼。师傅们就将它们从石臼中捞出来，堆放在一张用竹篾编织的晒谷垫子上。其间，有经验的师傅边捞边添加小木条，不让水碓停下来。有的水碓坊受场地限制，晒谷垫子根本放不下，那只好用竹匾盛放木粉了。

盛放在晒谷垫子上的木粉，再经过筛子多次筛选，先是用粗筛子，然后用细筛子，最后用的几乎就是面筛了，在这个过程中，将粗木屑全部挑出来，送回到原料堆中，可以继续加工，剩下的细木粉，就是香粉了。

安吉，以出售香粉为主，一般不加工成品香。香粉销售出去就算完事。

在收获香粉这个环节，需要十分小心翼翼。要根据不同的原材料，将香粉按照一定的重量，装进特制的香粉袋中。这香粉袋，用白色的细棉布做成，要求布纹细小，密度高，确保轻细的香粉不会外渗。长方形的香粉袋，底部用线缝得很平整，袋口部分留有两个长长的耳朵，用来对扎封口，在运输时，还便于用手提起。香粉一袋一袋装好，用黑色颜料在袋子上做上标记，包括品名、重量、日期、厂家名称。有的水碓坊还会标上自己的特殊记号，不对外宣扬。如果时机好，这些香粉就可以及时运送出去交易，换了钱回来支付材料钱、工钱。如果遇上雨天，或者行情不好，香粉需要堆放起来，那还需要做好防水、防潮、防霉、防偷工作。

香粉多出在深山河边的水碓坊，交通很是不便，因此，只能通过肩挑运出山。挑香粉的师傅就叫作"挑香工"。

如果要继续制作成品香，就需要添加制香设备，比如香棒、颜料、黏合剂、压制模型等。先根据需要，按照一定的比例配置原理，将原料混合在一起，加以搅拌，叫作"和料"。然后将和好的料倒入模型之中，插入香棒，上下两块模板合在一起，用大石块压在上面。过段时间后，再将已成型的香取出来，经过太阳晒干或者用火烘烤，最后集中包装。

每种不同的香,有不同的模型,如棒香、盘香、竹签香、宝塔香、纸包香等。但只要模具做好了,制作成品香的基本原理大致相同。值得一提的是,制香环节最有技术含量的要算配料了,各种原料比例多少、色泽如何、干湿度怎样等,各家都有自己的配方,而且在家族中,这类配方,只传男不传女,儿媳妇可以知道,但绝不让女婿知道。

香粉的主要原料是木,香粉碓都分布在山区;从前,只能依靠水来带动大型机械,产生动力的源泉是水,所以,香粉碓又几乎全部紧紧挨着大小河流。有的地方,在一条小溪之上,建了一长串多个香粉碓;有的地方,几条水流汇聚在一处,一片滩地,都是营造水碓的好地点,一度一下子建起了多个水碓。传说安吉县报福镇石岭村有一个叫作"老碓溪"的地方,曾经建有数十座水碓,形成了各式各样的水碓群。有的水碓,水流不息,一个水轮可以带动好多个碓锤,舂米、舂香粉完全可以同时进行。

随着时代的发展,天目山区用水碓舂香粉的场景,已不再常见。现在每次回到故乡,再也听不到那半夜的水碓撞击声。但是,天目山区借助水的力量,将一棵棵大小树木砸成比米粉还细的香粉,作为一种文化,一种民间技能,将永留史册。

"咯噔咯噔"走天下

——"独轮车"篇

"一方水土养一方人",这是讲环境造就人,而更多的人,为了适应环境,在物竞天择之中求生存,掌握了应时之技,体现了人高贵于其他动物的本质特征。天目山区的山民们制造和使用"独轮车",就是他们适应时宜并达谋生之目的的技能之一。

天目山区，一直以来路狭、坡陡、弯多，运送货物，除了肩挑、背驮、人拉，或者借助水运，还有一种独特的运输工具——"独轮车"。

独轮车是一种只有一个车轮的车子，主要由"车架和车轮"两大部分组成。

车轮，最早是由柔软的树木弯曲后制成轮圈，内接木制的轮辐和轮轴组合而成；后来，采用较大点的木块拼接而成。有了钢铁、橡胶，可以在商店直接买到现成的车轮后，自家只需要用木头制作一个与车架相衔接的轮键（俗称"刀塞壳"）即可。

独轮车使用的年限很长，一般的杉木、松木等，是不能制作独轮车车架的。天目山郁郁葱葱，树木种类繁多，选择优质木材，自然不是费力之事，但为了好中挑好，优中选优，木匠师傅会建议选用木质坚硬、耐磨、耐干、耐潮，不裂、不霉、不腐的实木（俗称"硬木"）制作车架，苦楝、胡桃、水曲柳、紫檀等，都是比较好的树种。有的人家将树干笔直、大小匀称、没有节疤的板栗树、白果树等，在水里浸泡一两年，如果没有腐烂，也可选来制作车架。但比较多的是选用檀木，黄澄澄、绿油油，色彩绚丽，香气芬芳，万古不朽，背在肩上，好重好重的，给人刀砍不入、烈火难焚的感觉。

由于要适应推车人用力均衡的需要，独轮车车架的制作，必须讲究对称。独轮车的宽度在一百二十厘米到一百五十厘米左右。太宽了，小弄小巷和长满柴草的小道不能通过；太窄了，装运货物的数量有限。制作独轮车车架，从不使用铁钉，完全采用榫卯结构。木匠师傅们根据设计，裁好大小长短毛方料，然后用刨子稍稍刨光，按照要求在需要凿洞、打孔、截料、裁榫的位置，弹或画上墨线、标上符号、写上数据，这样一来，下一道工序即使不是自己做，别的师傅也能看得明白。凿洞、打孔、截料、裁榫等，这可是很精细的活。比如孔洞，有的只要凿到一半深即可，有的却要打通。最神奇的是榫卯之中，类似于丁字形接合，需要用大格肩、小格肩、实肩、榫卯大进小出等，只有这样，才能确保车架牢固、外形美观、弯角合规。

车架分底架、轮穴和把手等部件，分别制作，然后拼接而成。

底架，它几乎全部采用十二厘米宽、八厘米厚的大方料制作，中间四根直的约一百五十厘米长，左右两边两根靠推车把手这一头要长一些，大约长出五十厘米。靠推车把手这头的这一根横着的木料长度基本就是车子的宽度，前面这根横的要略短一些，拼接好后，车子底架呈上底与下底略有差距的梯形平面，很像从前测量土地面积的"弓尺"。这就是相当于现代车辆的底盘。此时，相关木条上面已经凿好了接下来需要用的孔洞。

车架的中间部分，有人叫作"轮穴"。这一部分，有三大作用：一是安全地安放车轮子，二是作为捆绑货物的支架，三是美化车身。它是一个两片双层的栅栏式结构。单单拿一片来看，最上面一根稍粗点的方木条上，均匀地垂直镶入五根稍细点的木条，插入木条的孔洞不凿通。栅栏靠车头的一边竖着的那根粗一点的边料，有一段高出栅栏的部分，高出部分有一个简单的造型，上细下粗、弯弯的、稍稍往后倾，竖起来一看便知，像一只羊角。两片栅栏再通过几根短方木条平行地连接在一起，然后将它根据榫卯原理，镶嵌到底架的中间两根直木条上，与底架一起组成了一个凸字形结构，最前方的两只羊角，尤其显眼。当然，两组构件的组合，要达到严丝合缝，才能非常牢固。车轮装上去，轮子正好位于两片栅栏中间，滚动起来，无阻挡，也不影响推车人、坐车人以及货物的安全。

推车把手，需要牢固、硬实，它是由两根粗粗的把手、两根较粗的横档和四根小木条及一只木箱子组成。两根把手被木匠师傅修理得一头方，一头圆。方的一头，适合凿洞打孔，装上横档，用小木条将其镶嵌到车子的底架上，并与羊角架相连。连接好后，在底架与把手相交的地方，贴上五块木板，面向推车师傅的一面，装上门轴和门板，就组成了一个小木箱。把手部分圆的这头，便于推车的师傅握手使力，在推车师傅捏手的下方，还要钉上两根短短的用竹丫枝制作的钉子，用来固定推车皮带。

车轮，要安装在车架下方最中间的位置。在轮穴两旁两根直木条上，凿洞打孔，安上四根木条。选用两片最牢固的厚木板，在它们的两头分别凿出一个凹字形缺口，在其正中，钻一个圆形的孔洞，将车轮的轴棒（轴心）两端插入孔洞，然后将其扣到四根木条上，独轮车基本成型。

将车轮与车架相衔接的物件，有的师傅叫它"轮键"，有的资料却叫作"刀塞壳"，安吉人是叫它"刀塞壳"的。有条件的话，木匠师傅还会在刀塞壳的轴棒孔中镶嵌两个带有金属弹子的轴盘，添加机油，延长使用寿命。

一台木制的独轮车基本制作完毕，为了确保榫卯结实，师傅们会用毛竹削一些竹钉，用钻头在榫卯的垂直方向钻个小孔，钉入竹钉。最后，木匠师傅用细木刨子再将车子的每一根木料仔细地刨一刨，使其光滑美观。有的人家还会请油漆工用桐油简单地刷一刷。

其实，每个地区的独轮车，大同小异，就是同一地区，不同的师傅所制作的独轮车，也是不尽相同的。

使用独轮车，通常还要配一些相关用品。比如推车皮带，那是必需的，它用多层厚厚的帆布等缝制而成，宽度在五厘米左右，长度因人而定，一般是推车师傅左右手平举时两个手心之间的距离。它的两端，要分别缝接上一个十分牢固的柔软的细绳圈，细绳圈可以套进车把手，扣在两根竹枝钉之间。一组捆绑货物的长绳，有粗有细，有长有短，使用时，根据需要选择。一根拉绳，它的一端捆绑在车架底架的前方横木的最中间，需要有人帮助拉车时，另一端被人拉着，放在胸前；如果不需要拉车时，拉绳被整整齐齐地绕在两只羊角之上。

独轮车运送的货物，大小皆宜。大的，可以是通梢的毛竹，七八米长，每一边堆上二三十根毛竹，竹梢被紧紧地捆绑在一起，竹蔀头分开三五米，推车师傅夹在中间，双手牢牢地握住把手，快速前行。要说小的，萝卜、番薯、青菜、稻谷、麦子，用箩筐一装，一边一到两筐，推起来就走，毫不费力似的。山里的柴火、木炭、香粉、茶叶、笋干等土特产，被独轮车源源不断地送出山去，布匹、白糖、大米、海货、油盐酱醋又被独轮车一批一批地运送到山里来，满足老百姓生活、生产的需要。小的时候，我坐独轮车，是坐在木头箱子上的，双手抓住、双脚夹住木栅栏，眼看前方，口中还不住"驾驾驾"地叫唤。有一次，我对邻居家用独轮车接他们外婆来玩的独特方法感到好奇，车子底架的一侧，捆绑了一把小竹椅，椅子上坐着满脸皱纹的外婆，体重最多也只有七八十斤；另一侧的底架上，却摆放了一块十来斤的大石块。我问父亲："为什么要放石块？"

"平衡，傻孩子，连平衡也不知道！"

独轮车，在山区小道上行走，饱满的车轮与硬邦邦的石砌路相撞击，常常一跳老高，轮胎就会发出"咯噔咯噔"的声音。独轮车就是这样，一年四季，"咯噔咯噔"地跳跃着。

改革开放以来，天目山区发展迅速，村村修建了公路，路变宽了，家家户户添置了双轮车，双轮车宽大，载货量也大，拉起来比推独轮车要轻松省力得多。于是，很多独轮车被毁掉了，仅有的几台，也被搁置在家里的某处角落，成了摆设，但它在一定的历史时期发挥的作用，一直铭刻在人们的记忆中。

小小砂锅暖万家

——"暖锅"篇

除了烈日炎炎的夏天,每到大雪纷飞、寒风凛冽的冬天,你到天目山区农家做客,就会惊奇地发现,在这里,几乎每家每户吃饭时,桌子上都摆有砂锅,少则一到两个,多则四五个,甚至七八个。大家围着桌子,敬酒、吃饭、谈论国事农事家事,等饭吃好了,砂锅里的菜肴还是热气腾腾、香气扑鼻,非常温馨。

砂锅,当地人叫作"暖锅"。最早都是泥制品,泥锅、泥火炉脚,放在砖瓦窑里一起烧制而成。后来有了陶制品,有锅、有盖,盖和锅的内侧上过釉,确保其不渗漏。现在的暖锅,有瓷的,有搪瓷的,也有铁锅、不锈钢锅、不粘锅……种类非常丰富。

其实最有地方特色的,并不是"暖锅"本身,而是与它相配套的"暖锅脚"。

暖锅脚,就是放在暖锅下面,架住暖锅的底座。它其实就是一个简易的炉子。有北方人迁来天目山区后,将它称之为"炖钵炉子"。暖锅脚分上下两层,下层有一个较大的空间和一个通风口,上层则是一个可以摆放木炭的火盆,上下两层之间,有一个栅栏样的隔层。空气从底层通风口进入,通过隔层,到达上一层,空气中的氧气可以帮助上层的木炭燃烧、发热。木炭的热气向上辐射,温暖了架在上面的暖锅,通过热的传导,锅内菜肴能长时间保持热度。上层的木炭燃烧化为灰烬后,就会从隔层的栅栏中自然地漏下,可以轻松地从底座的通风口取出。这个简易炉子,只要有木炭,就可以正常使用。而木炭在天目山区,正是随手可得的特产。暖锅安全、实用,燃料容易采集,所以深受山里人喜爱。

暖锅脚,从前都是砖瓦师傅用黏土制作而成。师傅们选择适宜制作砖瓦的黏性很好的黑色或者黄色泥土,经过长时间的踩踏,有的是赶着水牛在土堆上打转,有的索性就由好劳力在上面不住地踩踏,使其更加充满黏性。师傅将充满黏性的泥土,在一个木架子上狠狠地甩打几下,然后用力地甩进一个木制的模子里,用特制的棍棒压实,不久就可以从模子里取出一个暖锅脚的毛坯来。将一个个毛坯整整齐齐地放在平坦的场地上,让太阳晒干。过几天,师傅再将它们整整齐齐地码在一个很大的烧制砖瓦的窑内。在窑内的空隙处架上柴火，封住窑口，点燃柴火，经过十来天的烘烤，烧熟。然后闷窑、冷却、出窑，一只只泥质的暖锅脚就制成了。

长期以来，从泥制的暖锅脚开始，到目前，暖锅脚已经有了很大的变化。从质地来看，有泥质的、铁质的、搪瓷的；从式样来说，炉子的上层，有的设计了各种不同的止口，有的加上了拎环，有的还描上了简单的图案；从精细程度而言，现在的暖锅脚，内外都十分光滑，颜色鲜艳，有的还配上了底盘。

暖锅在天目山区能够得以普遍使用，关键是供热的原料充足。暖锅的燃料是木炭。天目山区，漫山遍野都是柴火。历史上，这里一直是华东地区木炭的主产区。山里炭窑密布，木炭烧制水平极高，尤其是特产"白炭"扬名海内外。当然，白炭烧制时间长，量少价高，普通农户舍不得花钱购买。尽管不用白炭，但是农户家里普通的木炭还是十分充足的。天然气普及之前，在乡村，农民家里每年都会准备充足的柴火。这些柴火，根根片片，结结实实，有树干，有杂木，有实柴，长短相当，在屋檐下堆放得整整齐齐。烧饭、做菜、烧水、烘烤，拿来便是，一点便着。燃烧之后，这些柴火整个儿通红通红的，如果需要，夹上几块，放在暖锅脚里，架上盛满菜的暖锅，暖锅里的菜肴立马热气腾腾。一顿饭，要烧菜、做饭、烧开水，有时还要烧猪食，因此，会留存下来一定数量的已烧过的柴火，家庭主妇们很会持家，她们准备了一个大口的陶罐，将这些红红的正在燃烧的残渣倒进陶罐，然后盖上一个盖子，密封起来。没有了氧气，陶罐里的火被强制熄灭了，留下了少量的灰和质地很好的木炭。陶罐里的木炭满了，再倒进一个大口袋里，集中存放在一个地方。这些木炭，冬天烤火、雨天烘衣服、笋季烘笋干、临时烧开水都用得着，同时也为使用暖锅炖菜肴准备了充足的燃料。

暖锅炖菜肴，有其独特的优点。猪肉、羊肉、牛肉，边炖边吃，不会因为就餐时间过长而再加热。有时候，肉类菜肴太油腻了，再添加点诸如豆腐、鲜笋、香菜、青菜、菠菜等会感觉更好，如果使用的是暖锅，那只要先添加点开水，然后将这些洗净的菜切好倒入，盖上盖，一会儿就可以食用了。这与火锅很相似。

随着科学技术的发展，人民的生活水平也日益提高，现代化电器已在农民家庭趋向普及，电暖锅、蒸箱等逐步替代了暖锅的地位，更好地服务于农民家庭，泥质暖锅逐步退出家庭餐桌，它曾与天目山区人民朝夕相伴的历史将成为永恒的记忆。

鲜脆腌菜伴隆冬

——"大缸腌菜"篇

每年冬天,天目山区,十有八九会大雪纷飞。寒冬腊月,北风凛冽,浙江最寒冷的地区就是天目山区,最低温度可达零下十八摄氏度。

大雪来临,浙北地区,漫山遍野被厚厚的白雪覆盖,冰天雪地,基本看不到绿树、翠竹、青草、蔬菜,只见得远近高低皎山皓野。这个时节,就蔬菜而言,只有雪底下还有少量的萝卜、菠菜之类。尽管春节之前,挖冬笋、杀猪宰羊、打年糕、磨豆腐,人们做了充分准备,但是,菜地里的蔬菜真是少之又少。不过,不急,天目山区的老百姓自有过冬的独特办法,缺少青青的蔬菜,家中却有大缸大缸的腌菜。腌菜冬笋烧肉,是这一地区冬天最常见、最受欢迎、最有特色的菜品了。

腌菜，就是用盐腌制而成的菜品。这里的腌菜，色泽嫩黄，梗叶完整，腌制成熟，不酸不咸，清脆爽口，饱含清香味。

天目山区的大缸腌菜，所用的材料是青菜中的一种独特品种——"高脚白"，有的人称之为"小白菜"，以此来与当地的一般青菜和北方的大白菜相区别。

每年霜降刚过，一棵棵亭亭玉立的白菜便成熟了，而且受到了一两次初霜的侵扰，这时，烧熟的白菜会有一定的甜味。也就在这几天，每家每户开始收割白菜。小户人家，每户准备五六十斤；大户人家，起码要有百斤以上。如果自家种植的数量不够，还要向邻居家要点，或者买点，或者用其他什么东西换点。

山里人家的女主人总是选择天气晴好的早晨收割白菜。白菜割倒后，就近摊放在地里晒着，晚上再收回屋内。如果是晴天，第二天再搬出去晒。白菜晒上一两天，被晒得有些柔软了，就将它一棵一棵地清洗干净，然后将水沥干，准备腌制。能统筹安排的人家，当天就会腌好。也有的人家，白菜在腌制前不清洗，到吃的时候再洗得仔细一点。至于为什么选择小白菜腌制，老人们告诉我，主要是因为小白菜梗子较长，腌制后"有货""有料"。我仔细观察过腌菜，它们的叶子确实只有一丁点东西。

这里的人家大多用大口径的陶制缸来腌菜。缸的内侧，应该是上过釉的，以确保其不漏水、不渗水。将缸清洗干净，然后用酒精在里面烧一烧，消消毒，将它放在一个长期不移动也不会影响其他事宜的地方。同时，准备一定数量的食盐，一般每五十公斤白菜准备两公斤半左右的盐就差不多了。腌菜的盐，最好是未加碘的原盐。

腌菜的过程很有讲究。首先将白菜按照三五棵一层的厚度，密密麻麻地整齐地铺在大缸底部，撒上一层盐；再按照三五棵一层的厚度铺上一层菜，再撒上一层盐；铺了五六层菜，撒了五六次盐后，再让家里体重较重、力气较大的人，洗净脚，爬到大缸里，拼命地踩踏一阵，努力地将白菜踩得严严实实。然后继续放菜，继续放盐，又放了四五层后再踩踏一次，直至全部白菜放入大缸。最上面一层也撒了盐，也经过了沉重的踩踏。为了不让经过踩踏的白菜松弛，山里人家早就准备了五六片长短略小于大缸缸口直径的竹片，将它们按照井字形或者网格型均匀地排布在白菜的上面，然后在它们的上方压上一块大大的上下两面比较平整的石块。

两三天以后，放在大缸里的白菜有点变色了，表明盐分已经开始渗入白菜中。这时，主人家拎来清水，倒入缸中，并将白菜全部浸没，使它们与空气隔开。这样，大缸腌菜的腌制工作基本完成。

大缸腌菜的腌制时间，至少要三周。三周以后，如果需要，就可以取出腌菜，经过简单清洗，加工烧制风格特异的天目山土菜了。加入肥肉、冬笋，简单爆炒后放在暖锅内炖熟，边炖边吃，富有地方特色。专门挑选菜梗子，切入肉丝，便是腌菜梗子炒肉丝，如今属于这一地区农家乐非常流行的一道名小炒。腌菜炖牛肉、腌菜炒兔肉、腌菜梗子炒青椒、腌菜梗子冬笋丝……一道道地方特色浓厚的菜肴，张扬着大缸腌菜的独特风情。腌菜烧肉，一直是我的最爱，里面的猪肉，可以是新鲜的，也可以是腌制过的腊肉，这道菜几乎伴随了我整个高中阶段。以后，无论走到哪里，只要条件允许，我都会点这道菜，这道菜始终让我百吃不厌。

　　有了腌菜，天寒地冻，不出家门，就可以弄出一盘盘菜肴，这给许多家庭的女主人带来了便利。有一大缸腌菜备着，整个冬天，女主人不会因为没菜而发愁了。

　　有的人家，腌菜量太大了，到第二年开春还没吃完，那就要想些办法保存好，否则，天一热，它就容易腐烂。有人找到了一个很好的解决办法，即使有很多剩余的腌菜，也能有所去处。那就是将这些腌菜洗净、晒干、切碎，腌菜摇身一变成为人们喜爱的"霉干菜"了。霉干菜，干燥，易保存，也易于加工，更令人高兴的是，它便于与其他菜配在一起，形成新的菜品。

　　随着专业化生产发展迅速，物流运输速度加快，现代化储藏设备在百姓家庭得到普及，冬季蔬菜供应已经没有多大的困难，因此，人们一年四季都能吃上喜欢的蔬菜，但是，天目山区的老百姓仍然坚持每年腌菜这一地方传统，继续保留着自身的地方特色。如今，腌菜像磁石一样，吸引着外地游客，成了外地游客喜爱的"香饽饽"。

此物老来更俊俏

——"汉菜梗"篇

从小就喜欢吃汉菜,但不知道"汉菜"并不是它的真名,所以小时候多次查字典、查资料,一直没有查到"汉菜"这个词,也没有查到"汗菜""旱菜"之类同音的词语,一头雾水。后来才知道,原来"汉菜"是天目山区民众给苋菜取的一个别名。

众多资料显示,苋菜的别名很多,雁来红、老来少、三色苋、凫葵、蟹菜、荇菜、云香菜、云天菜等,有十来个,各地有各地的叫法。所以,我们的老祖宗称它为"汉菜",也不足为奇了。

汉菜，属一年生草本植物，茎粗壮，绿色或红色，还有的红绿相间。初生时节，菜身软滑而味浓，入口甘香，中医认为它有润肠胃、清热毒等功效，自然是人人爱吃。

嫩汉菜可吃，人人皆知，其实，老汉菜同样可以制作成菜品，而且很受欢迎。当然，需要一些特殊的加工工艺。天目山区的老百姓，几乎人人掌握着这项工艺，将它称之为"霉汉菜梗"。

关于霉汉菜梗，有一个传说，春秋时期，吴越之间战火连绵，处于吴越国交界处的天目山区，百姓家贫民穷，以野菜充饥。有一天，一老者在天目山上采得已经比较老的野汉菜一把，嫩的茎、叶已被食用，只留下又老又硬的菜梗一时无法煮熟，弃之又觉得可惜，便藏于瓦罐中以备日后再煮。不料数日后，罐内竟发出阵阵香气。老汉取而蒸食，竟一蒸即熟，其味又远胜于茎、叶。邻居闻之，纷纷效仿，随即流传开来，并保留至今。

传说是否真实，已无从考证，但这一技艺，确实流传甚广甚久。

每年的暮春，一直到深秋，整个无霜期内，一批又一批汉菜可分期播种，陆续采收。或是由于来不及吃，或是主人故意留下来，一部分汉菜分了枝、开了花、结了籽，一根根挺拔而壮实，有点像当兵的小帅哥。主人将这些菜园子里已经老了的汉菜连根拔起，抖掉附在根部的泥土，直接背回院子。

在院子里，平放着一张很大的竹匾。主人先用菜刀将老汉菜的细根削去，再将主根的尖尖头砍掉，然后小心翼翼地将汉菜的分枝像削毛料一样倒着削落下来，最后砍下梢头。每一根分枝和梢头，连同一长串的汉菜籽一起堆放在竹匾里。晒干以后，细黑圆亮的汉菜籽会自动掉落在竹匾中，这就是下一年播种的种子了。

削好后的汉菜梗，一根根光秃秃的，直直的，只有蔀头部分有一段白色，其他或一袭碧绿，或一身紫红，红绿相间的占据少量。主人取来一块木板，或是一截木头、一节竹筒子，一手持着汉菜梗，将其放在木板上，另一只手拿着一把菜刀，将一根根汉菜梗截成七八厘米长。无论它是粗还是细，也无论它原来有多长，斩断后，几乎就成了一群"矮胖士兵"。

接下来的步骤是浸泡。准备一只水桶，木质的、塑料的，只要盛得下，都可以。将截短的汉菜梗全部放在水桶里，舀来干净的冷水，将它们浸没在水中。汉菜梗在水中浸泡的时间，根据天气冷暖而定。春秋季节，一般需要两天两夜；夏季，天气炎热，一天一夜，或是一天半就可以了。天目山区的老大妈告诉我，关键要看汉菜是不是被"泡涨"（当地俗语，就是"吸足水分"）了。

将浸泡完成的汉菜梗捞起来，洗干净，简单沥干，然后将它们放进一只甏内。在放汉菜梗的时候，还要不断地将甏左右前后摇动，使汉菜梗能够在甏内摆放结实，充分利用其空间。霉汉菜梗，对甏的要求比较高。所用的甏，必须是陶器或者瓷器。陶器还一定要内外上釉，不漏水、不透气，形状要求是肚子大、甏口小。当然甏口也不能太小，至少一只手能方便进出。汉菜梗全部放进甏里后，里面再不放任何东西，只要将甏口封住即可。老大妈们特别喜欢用南瓜叶来封口。在甏口，左左右右、前前后后，铺上三到五张经过挑选的洗净的、完整的大南瓜叶，然后用柔软的线绳沿着甏口上的瓷口，绑上几圈，打个结，就大功告成了。也有的不绑线绳，而是在南瓜叶上面压块砖头、木板，或者是盖上一只砂锅盖。如果没有南瓜叶，她们就用纱布来替代，听说效果要差一些。有的人家，汉菜梗如果量不多，便用被称之为"养水甏"的器皿来霉汉菜梗，当然更为方便。

霉汉菜梗，其实它的原理就是让汉菜梗在不受污染、与空气隔绝的甏里充分发酵。因为里面不放盐，它与腌制腌菜、腌肉完全不同，有人称"腌汉菜梗"，其实是不科学的，所以天目山区的老大妈们选用"霉"字，真的是再恰当不过了。霉汉菜梗的时间长短，也与温度有关，一般情况下，一个星期就霉"熟"了。

一个星期以后，女主人轻轻地打开甏的封口，一只手伸进甏内，摸出一截汉菜梗，用手指轻轻捏一捏，感觉已经软软的了，表明这一截已经"熟"了，同一只甏内的汉菜梗，也不可能完全同时"熟"，因此，需要多次如此循环，大概挑选出十来截汉菜梗，就可以装满一大碗了。此时的汉菜梗，色绿如碧，清香酥嫩，鲜美入味。

汉菜梗的吃法也有多种，但无论哪一种，都是香气喷发，直沁心肺，助消化，增食欲，最宜下饭。最简单的就是将其装在碗中，撒上盐，倒入菜油，烧饭时放在蒸架上蒸煮，饭熟菜也熟。在汉菜梗里放上豆腐、盐、油清蒸，这道菜已成为天目山区民宿、农家乐最为吸引游客的地方土菜。嫩南瓜加汉菜梗、鸡蛋加汉菜梗、腊肉加汉菜梗、海鲜加汉菜梗，一盆盆、一碗碗、一锅锅，都是远近闻名的时鲜特色菜。要想吃最为纯正的臭豆腐，那你就得预约了，因为臭豆腐需要用霉汉菜梗的卤汁经过长时间浸泡才行，一时半会，此物难求！

古道悠悠连长天

——"石砌路"篇

在天目山区的村庄里，一眼望不到头的是两边的房子、菜园、竹林和夹在其中的石砌路。

石砌路，在天目山区古村落，那是很常见的。在通公路之前，道路也是平坦干净、四通八达的，每个自然村内，自然村与自然村之间，甚至几个行政村之间，都有石砌的道路相互连接。有的石砌路，还与驿道、关隘相连，给人的感觉真是直通长天。

古村落里的石砌路，几乎都由石块排砌而成，少量地使用了砖头等材料。一般情况下，路的中间，顺着道路的曲直、高低，是一长溜大石头，形成了道路的中央主线。在其两旁，像天上的小星星一样排满了小点的石块。道路的最边缘，又是两排整齐的石块连成的边线。石头之间，镶嵌着少量泥土。也有小部分路段,全部采用鹅卵石排砌,将鹅卵石竖起来紧紧地挨在一起。有几段还排出了一些漂亮的图案。如砌成圆圈的,有一个一个套起来的圆圈,一个一个排成排的圆圈,环环相扣(排列得很像奥运五环)的圆圈,里面有"福禄寿喜"等字的圆圈,等等;有拼砌成方块的,方块里面有牡丹花、菊花、大麦穗等图案;有拼砌成动物图案的,比如马、牛、鸡、鸭、羊、龙、凤、蝙蝠等。

石砌路的中间微微凸起,两边稍稍有点下斜,形成一个细小的坡度,下起雨来,雨水会自然而然地流向两边,进入小水沟。一般的小雨天,路上不会积水。

道路随着地势的高低,很自然地缓缓地有所起伏,但基本没有沟沟坎坎,即使从村子中央步行到老远的自然村,也没一个"踏步档"(本地话,意为台阶)。

建设石砌路,资金都是乡邻们集资或者大户捐赠的。

筑路之前,师傅们要进行勘测,计算出大约需要多少石料,道路应该设计为多宽,哪个地方转弯最好,需要多少建设时间,建设期间行人应该往哪里通行,这些都要有一个方案。方案得到大家同意后,才可开始修路。

修路师傅首先安排人员在道路中间挖一条深沟,然后根据设计的宽度和高度,普遍向下挖掘。在此基础上,师傅们在道路中间和两边,各拉起一根细绳,明确了中心线、道路宽度、中心路面和两边边沿的高度。然后,带头的师傅选择远距离运送而来或者现场就有的大块石头，沿着中心线排列起来，让具有最大面积的平面朝上，中间对准中心线，平稳地深埋下去，石头的平面就是中心线的路面。有的大石块需要几个人一起抬着安放。两旁各有一位师傅，选择细长的鹅卵石，将它竖立起来，沿着边沿线，深埋下去，石头上面这一端，就是边沿的高度。最后几位师傅，在大石块和路边边沿石之间，根据不同区域，将石块整齐平稳地码好，最后倒上少许泥巴，将石头之间的缝隙填满，这一段石砌路就基本完工了。然后，由此往复，由点到面，由面到段，由段到线，石砌路不断地延伸，直至四通八达。

石砌路，根据周边的环境不同，每一段都有自己的要求和特色。比如村中央的主要道路，就要求有一定的宽度，有的地方有五六米宽。在适当的位置，需要添加一些图案。有的地方，比较狭窄，一米宽的也有。每一段道路的风格与附近区域的地势、环境浑然一体，体现了劳动人民的力量和智慧。

这些石砌路，连接着大会堂、医疗站、南货店、百货店、收购站、剃头店、铁匠铺、裁缝铺等，是古村落主要的通道。

在这些通道上，也发生过许多有趣的故事。小时候，记得有一次，为了给爸爸买酒，我手里拿着瓶子和钱出门，口中念着"烧酒烧酒"。出门不久，对道路中间的石块起了兴趣，一只脚踏一块石块，边走边数着脚下的石块，结果，到了南货店，竟忘记了是买烧酒还是买老酒。既然来了，又不能空着手回家，怎么办？手中的钱够买半斤烧酒，或者一斤老酒。"老酒多些，就买老酒。"其实，父亲是喜欢喝烧酒的。到家后，父亲责怪了几句也就算了，那一餐，父亲就喝了老酒。

古村落里的古弄堂大多存在几百上千年了。因此，许多石砌路也有着很悠久的历史，石头路面都已被路人的鞋底打磨得十分平整、光滑了。记得小时候，我和弟弟妹妹以及小伙伴们，经常在一句"开始"之后，每人抢一块大石头，躺在上面，假装睡觉，满身灰尘，衣服、裤子甚至脸庞，都是黑乎乎的，也不在乎。有几块石头，比我们人还要长。躺在石头上，又是在道路中间，有人走过来也一动不动，假装睡着了，行人也只得小心翼翼地绕过去。但是，当发现是自己的爸妈来了，都一骨碌地爬起来就跑，生怕挨骂、挨打。古村落里遍布石砌路，有关石砌路的故事也比比皆是，不胜枚举。

天目山区的古村落，以及村落中的石砌路，都具有悠久的历史。石砌路上大小不同、形状各异的石块，被时光打磨得精光发亮。它们记录了过去的岁月，铭刻了路人的风采，传承了历史悠久的文化和民俗民风。它们敢于把自己裸露在外，愿意让人们千踏万踩，闪耀着"奉献自己、服务路人"的思想光辉。

清明时节青团香

——"青团子"篇

  清明时节做青团子，这是天目山区老百姓的一个传统。山上山下，百乡千村，家家户户，都会不约而同地参与进来。

  清明前夕，春风剪出了柳尖，吹醒了百草，天目山区的山路旁、田埂边、草地上，青蒿已经舒展开身姿，短短的茎干还是粉嫩粉嫩的，层层叠叠的叶片宛如一张张毛竹叶子，长长的，窄窄的，尖尖的，微白嫩绿，叶脉清晰。它们一朵朵、一片片，分布在湿润的泥地、沙地之上，充满了生机和活力。要是附近有着一大片青蒿在，你定会闻到一缕缕的清香。冲着这与众不同的奇香异味，你也会久久不忍离去。

  就在这样的时节，衣衫花哨、歌声笑语不断的姑娘们，一群群、一组组分布在路旁、田埂，蹲在那里，左手捏住几张青蒿的叶片，右手将剪刀的尖端沿着地面插入青蒿的蔀头位置，咔嚓咔嚓地剪断青蒿的茎部，然后在空中轻微地甩动几下，扔进竹篮。她们是在"摘青"，在为做"青团子"做准备，本地人大多称作"挑青"。

由于刚刚开春，青蒿长得还不是很高，一天摘上十几二十来斤，那已经是很不错了。但十几二十来斤青蒿，对于大户人家来说，还是不够的。他们将新鲜的青蒿薄薄地摊在桌子或者竹匾、竹帘子上。第二天再去摘。

连续两天外出，采摘来的青蒿数量不少了。将它们清洗干净，倒入已经烧开的水中，约十分钟后取出，晾干，继续摊在桌子上冷却。焯水之后的青蒿，显得更加新鲜、靓丽，而且，满屋子都是它的香味。

取出糯米粉，倒在一个大盆子里，大致按照米粉三份、焯水后的青蒿一份的比例，确定米粉的数量。将青蒿轻轻地抖开，均匀地铺在米粉上，慢慢地将青蒿拌入米粉中，利用青蒿已有的水分，不停地搓揉。在这个过程中，如果感觉过于干燥，可以少量添水；如果觉得水分过多，也可以少量添加米粉。经过一段时间的搓揉，柔嫩的青蒿被揉碎，和米粉完全融合在一起，米粉也已变成绿色。绿色的面团给人的感觉，好像这全是用青蒿揉成的。这种绿色，习惯于被认为是"青色"，用它做成的团子，便叫作"青团子"。

团子需要有馅。馅有两种，一种是甜的，用豆沙、红糖、枣泥搅拌即可；另一种是咸的，更能体现天目山区的特色。天目山区农家的女主人们，喜欢用腌制过的芥菜作为主要材料，添加少量的腊肉、春笋和微量的辣椒，作为青团子的馅。腊肉被切成细小的肉丁，拌在芥菜中，几乎看不见，但在吃的时候，稍有一定的硬度，增添了嚼劲，也具备了浓厚的香味。春笋，大多选用刚刚露出青头的毛笋（青头笋），粉嫩粉嫩的。有几年，天气乍暖还寒，毛笋还没有出土，也有选用雷笋（早笋）的。笋被切成丝或者丁拌入。干燥的红辣椒，数量很少，有点辣味，更加清口。腌制过的芥菜和腊肉，都比较咸，因此，不用再加盐，只需加点姜末、蒜末、料酒、调味酱油，直接干炒熟透即可。

包青团子，一般人是不敢轻易动手的！女人们倒是一个个心灵手巧，抢着参与，有的还会愉快地建议开展比赛。但也并不是说所有男同胞都被排除在外，有的男同胞甚至比女同胞包得还快，还要漂亮。包青团子，先从青色的面团上摘下一小把面，然后用左手托着，右手的大拇指和食指捏着面团，捏一下松一下，并同时转动着面团，将面团捏成一个碗状。左手托着刚捏好的碗状的面团，右手用勺子挑起一定数量的馅，放入"碗"中。用右手拇指和食指将"碗"的口子渐渐地收拢起来，直到全封闭。最后，两手协调配合，轻轻地将这个团子揉得更结实、更光滑、更圆润。

做好的青团子，一个个整齐地摆放在家里最大的蒸架上，青团子底下垫上一小截剪断的箬叶，这样可以避免青团子粘在蒸架上。

一张蒸架摆满了青团子，就要马上放到锅上蒸熟。与蒸架大小配套的锅里装小半锅冷水，将蒸架架在锅上，盖上锅盖，大火烧煮。从水冒出热气开始计时，十五分钟后，拎起锅盖，立即将青团子连同蒸架一起捧到一张桌子上。取出一把大扇子，朝着青团子扇动，让青团子能尽快冷却下来。蒸青团子，把握火候，着实重要。蒸的时间太短，青团子没有熟透，那是要吃坏肚子的；蒸的时间过长，青团子的颜色会发黄，这与蒸白面团子有明显的区别；蒸的时间再久一点，青团子甚至会坍塌下来，几个青团子连在一起，成为一个青饼，那结局真是不堪设想。

青团子蒸好后，及时降温、冷却，让它表面形成一层薄薄的皮子，可以保持青团子的清丽、漂亮的颜色和圆润、光亮的形状，不让它因长时间高温而变色。作为商品出售的青团子，为了卖相好，更要讲究这一点。

青团子作为一种特色食品，可以说人人喜爱。做好的青团子，不仅自家人吃，还会作为礼品，送给亲朋好友。有的人家，将刚做好还没有蒸煮的青团子，直接放入冰箱冷冻，过段时间，再拿出来，放到蒸架上蒸，也仍然新鲜如初。

至于制作青团子为什么要集中在清明节前后，很多老辈人认为，清明时节在一年四季中，应该是青黄不接的季节。这一季节，有野草生出，但青蒿生长得比较快，数量多，又有浓浓的香味，比其他草类要安全有味，所以选择青蒿伴随主食充饥，可以充当粮食，便延续下来。清明以后，食物丰富起来，青蒿也老了，属于过季食品。这很符合逻辑。

也有老人认为它与清明祭祀有关。清明节吃青团子的习惯，以浙北地区为中心呈辐射状流行在江南地区，浙江人的"青、清、亲"发音是一样的，基本不区分前鼻音和后鼻音。清明节流行吃青团子的地区都有清明节祭祀的习俗。青团子、清明节、祭奠死去的亲人，都有与"青团子"的"青"音相近的字，而且，青团子一直作为祭祀用的供品，或摆放在祖辈的坟前，或摆放在供桌上，延续至今。

关于青团子的来历，说法主要有两种。一种认为与太平军有关。传说有一年清明节前夕，太平天国李秀成的一名得力大将陈太平被清兵追捕。陈太平逃到太湖以西的天目山区，得到一位农民帮助。陈太平化装成农民模样，与这位农民一起在山脚的地里耕种，出工时将吃的东西带到地里，晚上住在一个山洞里。没有抓到陈太平，清兵并未善罢甘休，于是在附近乡村添兵设岗，对每一个出村人都要认真检查，防止他们给陈太平带食物。在回家的路上，这位农民看到防守这样严，思考着接下来带什么东西给陈太平吃。这时，一脚踩在一丛蒿草上，滑了一跤，爬起来时只见手上、膝盖上都染上了绿莹莹的颜色。他顿时计上心头，连忙采了些蒿草回家，洗净煮烂挤汁，揉进糯米粉内，做成一只只米团子。第二天，他将青溜溜的团子与青草一起装在竹篮里，混过了村口的哨兵。陈太平吃了青团，觉得又香又糯且不粘牙。几天后的一天黑夜，陈太平绕过清兵哨卡安全返回大本营。后来，李秀成得知农民救助陈太平的情况后，下令太平军都要学会做青团子，以御敌自保。吃青团子的习俗就此流传开来。

第二种传说与纪念大禹有关。大禹治水得法，利用疏导，使三江通海，太湖水位下降，水患得以平息，为太湖沿岸种植冬小麦创造了条件，深得沿岸人民的爱戴。很多地区清明节在祭祀祖先时，也要做精美的供品祭祀大禹。相传，浙江西北山区有位后生，见清明节人们做精美的供品祭祀大禹和祖先，认为这样与大禹生前勤俭节约的品格不相符。清明节时正是冬小麦返青的时候，他与大家商量，建议用麦叶汁水和糯米粉做成青团子，将青团子供在大禹和祖先墓碑前，以表纪念。再后来，人们又用青蒿代替小麦叶制作青团子，而且直接揉入米粉中，久而久之，相沿成习俗。

这两个传说，我倒是更倾向于后面这个，因为这个传说将青团子与清明祭祖联系得更加紧密，也更符合民俗。

根据传统，只是在清明节前后能吃得到青团子，但是，人们常常惦记青团子的滋味，于是，有人曾经用番薯叶、南瓜叶代替青蒿，保存起来，到了冬天也能吃上青团子。现在，家家户户有冰箱了，有的人家，在初春多采摘点青蒿，焯水后，一小包一小包地冷冻保存，一年四季，想吃青团子随时可以做。如今，天目山区的农家乐、民宿，将青团子作为地方特色小吃，一年到头，都有供应。

红红火火御寒冬

——"冬天取暖"篇

天目山区一年四季冷热分明。冬天,寒风凛冽,冰天雪地,最冷时气温会降到零下十八摄氏度,尤其是高山地区。

那么,在长期的历史进程中,山里人是如何取暖的呢?

俗话说:"靠山吃山,靠水吃水。"天目山区的人民总是会积极利用当地资源,解决遇到的重重困难,取暖问题也不例外。

从前,山里人家在建房时,都会在某一个位置,或者在一间小屋里,安排一个烘火间,而且面积不小,至少得容下全家人围坐在一起。

烘火间的结构虽然简单,但布局尽量合理。烘火间离厨房间要近一点,最好能共用同一个储柴间,这样既安全又方便。

烘火间中间的位置,挖一个深度二三十厘米、直径一米左右的坑，周边用直立着的厚厚的砖头和上水泥或者石灰砌起来，围成一个圆圈，砖头大部分低于地面，少部分高出地面。当地人把它称之为"火堆凼"。在火堆凼正中间上方的横梁或者椽子上，垂直地面吊上一根细铁索或者粗点的铁丝，并在铁索的最下端离地面五六十厘米处，安上一个铁钩子，用于悬挂大茶壶。

冬天来临之前，山里人早早利用农闲时间，准备了充足的御寒的柴火。有引火用的松毛、毛竹丫枝；有根根粗直的什柴；有坚硬的毛竹蔸头；有大大的柴根、柴蔸头。细小的柴火也可用作烧饭，粗大的就只能用于烧火堆了，比如大的柴蔸头。

冬天举着猎猎战旗，威风凛凛地来了。北风呼啸，大雪纷飞，天寒地冻，屋内屋外，湿冷湿冷的。

每天，贤惠的女主人总是第一个起床。她在还未用过的火堆凼里放一些干燥的灰土，架上一小堆细小的柴火，取来一把松毛或者毛竹丫枝。松毛直接放在柴火上点着即可；假如是毛竹丫枝，那还要将它折成小段，捆成小把，然后点着，放在柴火上。引火的松毛或者竹丫枝燃烧一会儿后，出现了点点火星子，星星之火旺了，细小的柴火受热后，不久也就燃烧了起来，火苗直往上蹿，旺旺的，还发出"笑声"，像山里人家的生活，充满了希望。女主人用白铁制作的水壶，盛满冷水，挂在火堆凼上的铁钩上，再在火堆上架上几块大的柴火，就不再管它，自顾自地烧早饭去了。

家里人一个个陆续起床，来到烘火间，有的还会将袜子带到烘火间穿。这时，水壶里的水虽然尚未烧开，但已经很热，每个人取下水壶，将热水倒进洗脸盆和牙杯里，再盛满冷水，继续挂在火堆凼上，自己赶紧刷牙、洗脸。每个人都是如此，于是，每个人都有热水洗脸。当然，小孩子是不允许动那水壶的。

吃早饭了，家人们一个个将热气腾腾的早饭捧到烘火间，然后全家人一起围坐在火堆凼边吃饭。

一天时间里，假如没有事情安排，你就可以坐在火堆凼边烘火、聊天。很多大人与孩子的沟通就在这火堆凼边完成，兄弟姐妹的学习交流也在这里实现，讲故事、说奇闻、传技艺、做游戏，只要不忘记添柴加水，这里便是冬天最好的活动场所，是会场，是课堂，是娱乐场。说多了、玩累了，休息一下继续。口渴了，还有源源不断的开水提供。

客人来了，主人也会热情地将客人迎进烘火间，安排好座位，泡上一杯热气腾腾的绿茶，嘘寒问暖，亲密无间。

火堆凼是不能移动的。为了在其他地方也能营造同样的氛围，山里人开动脑筋，设计出了可以移动的火堆凼。

从山中砍来一棵稍大点的树，松树、杉树、枫树、苦栎树，都可以，木质差点也没关系。裁成长方体的方料，做成下面四只脚，上面平放上一个口字形的木框，在木框上摆放一口铁锅，这便是可以移动的火堆凼，当地人称之为"火盆"。火盆也可以架上柴烧火，院子里、走廊上、屋檐下，围坐一大圈人，你添一根干柴，我加一块竹片，把火烧得旺旺的，人喧火腾，很是热闹。但为了安全起见，大多在火盆里使用木炭火。木制的火盆，重量轻，搬动方便，厨房、客厅，甚至房间里，都可以使用。吃饭时，如果有人感觉冷，大人就会在火盆里放上炭，上面撒点星火，然后将其塞到饭桌底下，火盆里的木炭马上就红了起来，向四周散发出温暖。一家人坐在餐桌旁，桌子上有暖锅炖着，菜是热腾腾的，脚踩在火盆的框架上，一点也没有寒意，一屋子暖意融融。

经常干缝缝补补的家庭女主人们，冬天最喜爱的取暖工具，要数火桶了。

做火盆，是木匠活；做火桶，却是箍桶匠的生意。火桶，并不是一只完整的木桶，而是镂空的木桶。火桶，是由干燥的杉木板条竖着拼接起来的空心的圆锥体的一截，木板与木板之间嵌入短短的两头尖的竹签，使其紧密相连，不留缝隙。火桶的下部比上部稍大一些，直径在五六十厘米。下部的前半部分，只有二十厘米左右的高度，后半部分高度在八十厘米左右，跟一般的凳子差不多高，底部安有两根小木条，呈十字形。火桶的最上部，是一块两面平整的木板，大致呈半圆形，只是靠前面部分稍有凸起。将它用竹签与火桶竖着的木板条衔接起来，这块平整的木板便成了座板。箍桶匠选择一块薄薄的大铁皮，根据火桶的大小，做成一个圆筒状，将它安在火桶下面的木桶里边，固定住就可以放上炭火了。为了便于取暖和通风，箍桶匠在制作过程中，在火桶的后背和座板上，用钢丝锯锯出了类似于竹叶子、梅花样的通风、透热口。火桶，轻巧，方便携带，用炭不多，通常只能一个人使用。坐在火桶上，屁股底下有透热口，自然热乎乎的；双脚架在下部圆桶的边沿，两只脚全部被烘烤着；两只手，做着事，感到冷了，也可以伸到屁股底下，烘烤一番，然后继续干活。

最具竹乡特色的烤火用具，还是要数叫作"脚缸"的宝贝了。

从屋后砍伐一枝毛竹或者几枝小竹，劈篾，然后一分为四，变成竹丝。用竹丝编织一只竹篮，可以是圆的，也可以是方的。在编织竹篮的每一根经线位置，再插入一根根坚硬的竹片，增加其牢固度。竹篮直径十五厘米左右，高度也在十五到二十厘米之间。编织好后，安上一根扁扁平平的拎箍。取一张薄薄的白铁片，做成竹篮的形状，外径与竹篮的内径一样，然后将它内衬在竹篮里，包括底部。在白铁皮篮子里放入一些灰土，然后锹火倒入。以竹子为主要原材料，可以盛火的，富有竹乡特色的"脚缸"就可以使用了。将它放在地上，穿着鞋子的双脚搁在上面，让拎箍正好夹在两脚之间，脚底马上会感觉到暖意。人坐在凳子上，双脚并拢，脚缸可以放在两只脚的膝盖上，上身会温暖许多。由于脚缸小巧玲珑，便于携带，是小学生们非常喜欢的取暖工具。早晨，脚缸装满火，盖上少量草木灰，小学生一手拎着书包，一手拎着脚缸，感到特别自豪。一脚缸炭火，基本可用半天时间，至少这半天里不会有寒冷的感觉。有时，有的同学还会凑过来，伸出手，沾点热气。还有同学站在远远的地方，两眼盯着这只脚缸，好是羡慕！

天目山区的人民总是积极利用资源，开动脑筋，想尽办法，克服困难，过着红红火火的生活。这也是我感到热血沸腾，不停赞叹的缘由所在。

四季香茗迎宾客

——"石灰甏储茶"篇

天目山区是著名的产茶区,长期以来,天目山绿茶——高山云雾茶,一直扬名海内外,后来还催生了"安吉白茶""莫干黄牙""径山茶""紫笋茶"等一大批名优茶。

在漫长的岁月里,茶叶存放,一直以来困扰着各地民众。茶叶易受潮、变黄、发霉,从而失去明亮艳丽的色彩和沁心清肺的芳香。保存好的茶叶,总是干燥如初,清香依旧。

为了将好茶叶保存好,天目山区的老人们尤其上心。据口口相传,当地人曾经为此做过多种探索。

储藏于番薯洞——

天目山区冬天寒冷,为了保存好番薯种子,很多家庭在屋后或者家中挖一个地洞,地洞里冬暖夏凉,冬天用来储藏番薯,番薯不会被冻坏。开春以后,番薯种子就被取出来,埋在菜园子里,等待其发芽。番薯洞就空闲在那里。茶叶一开春就开始采摘,干茶炒好后,正是一天天热起来的时候。有人曾试着将茶叶包装好,储藏在那些番薯洞里,结果很快发现,洞内潮气太重,茶叶很快受潮发霉。得出的结论是:番薯洞之类的不易存放干燥的茶叶。

箬叶包茶叶——

箬竹是天目山区的特产。箬叶,大而长,有清晰牢固的叶脉,不易破裂,而且还具有浓重的香味,是天目山野生的可以用来包裹物品的最佳选择(山里少见荷叶、芭蕉叶之类)。将其洗净,有的还会放在锅里煮一煮,晒干,两张一沓,卷成卷,将干茶放入,用毛竹壳丝捆扎起来,扎成粽子的形状,存放在大的木桶里,再盖上盖。这样存放茶叶,在很长时间内可以保持干燥,半年内取出来,色香味也不错,但是,干茶一小包一小包地包裹,比较麻烦,也容易压碎,保存的时间还不能超过大半年。而且,存放期间,如有极少部分茶叶受潮,整桶茶叶几乎会全军覆没。

于是,有人进行了改进。

砍伐一根毛竹或者几根小竹子,劈篾编织成小竹篓,里面衬垫上晒干的粽叶,再装进干茶,封好口,整齐地摆放进大木桶里,盖上盖。这些竹篓可以存放一斤到两斤茶叶,包装时,省时省力,但其原理没有改变,仍旧存在时间一长容易受潮变质的问题。

  防潮，人们想到了利用草木灰吸水。用布袋装入一些干燥的草木灰，放在大木桶里。这样感觉茶叶存放时间会长一些，但是，草木灰有一定的气味，多少也影响了茶叶的香味。

洋油箱储茶——

  有一个阶段，甚是流行带"洋"字的用品，包括洋火、洋油、洋皂等，特别是有一种叫作"洋油箱"的东西，流传很广，一时间好像具有很强的"魔性"。

  洋油箱，并不是装洋油的箱盒，只是一种铁皮箱子而已，但是制作得很精致。箱子呈六面体结构，有九条边用电焊焊接过。五个面都很平整，上边这一面的中间部分，留了一个圆形的口子，并另外制作了一个盖子，盖子紧紧地扣上后，整个铁皮箱子密不透风。密不透气的箱子，很多东西放进去，短时间内可以不受潮，因此很受人们的喜爱。过年了，糖果放进去；春天来了，茶叶放进去。后来发现，洋油箱并不是万能的，茶叶放进去后没多久，也会受潮、变色。尤其是当这个箱子，特别是底部，一不小心碰到水分后，没有及时擦干，不多久，这个洋油箱就会生锈，慢慢地从外往里烂进去，如果没能及时发现，整箱好东西都会坏掉。于是，洋油箱也就不香了。

石灰伴侣——

  长期以来，人们发现，将茶叶用布袋包装后，放置在陶制的大缸里，再放几块新烧好的生石灰，盖上盖密封，用来长时间保存茶叶，效果最好。原来，干燥的茶叶，用布袋包装，布袋有细小的缝隙，可以透气。大缸里潮气太重，茶叶会吸收潮气中的水分，受潮、变质，这时，生石灰发生了化学变化，会大量地吸收水分，减少了茶叶吸收的水分，保证了茶叶的干燥。由于生石灰不断地吸收水分，大缸内空气中的水分越来越少，石灰还会吸收茶叶里面所含有的水分，使茶叶越来越干燥。茶叶不受潮，就不会变色、变味、变质。但由于陶制大缸的口太大，每一次取茶叶，都要打开盖子，缸外的潮气容易进入，几块生石灰不久就会融化开来，变成了熟石灰。熟石灰含有一定的水分后，吸水性减弱，不能达到与干燥的茶叶抢水分的效果，茶叶就有可能受潮变质。

"假如把大缸改为酒坛如何？"

因为酒坛的口子小一些，取茶叶时，空气进入就会少些。拿出酒坛一试，问题来了，酒坛口太小，半斤、一斤包装的茶叶放不进去。又有人想出了解决的办法。到河里洗衣服时，找来了一块长长的石块带回家。挑选一只口子上有些裂痕的大酒坛子，左手扶着酒坛，右手握着石块，小心翼翼地沿着酒坛口子，慢慢地敲打，酒坛口子慢慢地变大，等到新开的口子直径达到大约十五厘米的时候，再仔细地进行修整，让酒坛的口子继续保持规则的、圆圆的、光溜溜的，让人觉得出厂时就是这个样子。达到了要求，改进酒坛口子的事业大功告成。在酒坛的底部放几块生石灰，然后盖上一块油纸，再将一包包茶叶放进去，用破布条包扎篾丝做一个盖子，盖在酒坛上，上面再并排压上几块干净的砖头。生石灰在空气稀薄的酒坛里，缓慢地吸收水分，好久以后，它才会吸足水分，分化后变成熟石灰，这正是存放干茶所需要的最好条件。一只酒坛放上三五块生石灰，一年后，只有少量生石灰被融化。第二年，只需补充少量的生石灰，还可以继续存放茶叶。这只酒坛不再叫作酒坛，而是称之为"石灰甏（当地人发bàng音）"。从此以后，石灰甏就成为天目山区长期存放不能受潮的食品的主要器物。有的人家，还不止一只，存放的东西还包括酒药、瓜子、番薯干、饼干等。这种敲打酒坛口子的技术，也在示范、传授后，传遍了全村，传到了四面八方。

现在，无论山区还是平原，一方面经济条件好了，家家户户通电早已成为事实；另一方面，高档家用电器也已经普及，每年产出的茶叶，可以存放在冰箱、冰柜中。但是，天目山区还有很多老妈妈们仍旧喜欢用石灰甏来储藏茶叶。一年四季，无论何时，贵客来了，都能从石灰甏中取出干燥的茶叶，冲上开水，茶香四溢，宾主喜气洋洋，赞不绝口。

灾年天赐救命米

——"箬米救灾"篇

在天目山区,有一种很不起眼的竹子,却被人们称之为"救命竹"。

它生长在石壁上、河道边、石阶路旁。平常年份,未见它结籽,但那一年,不仅结籽了,还结出了一串串、一片片,颗粒饱满,皮薄肉厚,比稻谷颗粒还粗的金灿灿的果子。

那一年,其实应该说前后连续四年,我国南方接连不断遭遇有史以来最严重的自然灾害。有长时间的干旱,有大范围的洪水泛滥,部分山区有猛烈的山洪暴发,农业基础设施受损严重,农作物几乎全部被毁,南方产粮区粮食大幅度减产,有的地区甚至颗粒无收,导致全国粮食供应不足。尤其是有一个时期,农村集中缺粮,少数人家还能用野菜和稀饭充饥,大多数人家下餐不接上餐，甚至没有米粒，只能吃野菜、野果度日。有史料记载，安吉在那几年里，有一年春夏之交连续八十九天无透雨，山洪暴发一次就死亡二十六人，多个时间段内梅溪水位最低 2.75 米（干旱）、最高 9.56 米（洪涝），四年水毁工程达四千七百多处。

为了补充食物，天目山区的山民们，到山上挖掘野生的葛根、金刚刺根块等。那个时候，饭都吃不饱，根本没有油水了，于是，干燥的葛根、金刚刺根吃到肚子里，在肠胃里积淀下来，难以排出。有的人希望通过尽可能多地喝水来稀释肠胃内的积物，结果不仅无济于事，而且这些人后来都患上了水肿病，有的还患上了俗称的"黄胖病"，皮肤焦黄，腹背凸出，全身浮肿。命大的活了过来，但从此后遗症接连不断；有的人无钱医治，便早早仙逝。有的人不想肚子肿胀，不愿再吃这些东西，最后被活活饿死。

1961 年，农历五月份以后，一个阳光灿烂的早晨。天目山中一个古老的山村，一位中年人早早地上山去看护毛竹。跑出三四里地，走到一个石崖附近，他惊奇地发现，山上那种不起眼的竹子，竟然结出了果子。石崖边，一大片箬竹林中，一层层宽大尖长的叶子上面，每一棵竹子的顶端都结着一串黄黄的果子。这些果子，一颗一颗呈圆形，粗壮饱满，自下而上，一层一层叠起来，看上去宛如每一棵竹子的顶端都插了一根向上直立的去了皮的玉米棒，有的叠起的高度还超过玉米棒。

这个饿着肚子还上山干活的勤劳的山民,顾不得其他,赶紧用双手小心翼翼地将这些果子采摘下来,放在随身带着的笋帢内,尽量一颗也不掉落,也不忍心将中间的棒棒折断,希望它过几天继续生出果子来。好不好吃?心里没底,于是,他采摘了四五斤,背在肩头,兴高采烈地快步下山回家了。

走完了碎石铺就的山路,走过了几座小木桥,沿着石砌路进村。村里死寂无声,这几年,连袅袅炊烟也成了一种企盼和梦想。进了院子,只见两个弟弟身着薄衣,耷拉着脑袋,坐在石块上,漫无目的地搓揉着衣角,晒着太阳。踏进家门,家里空徒四壁,几扇窗户都通着风,还分别飘着三两片塑料纸。堂屋里,父母亲躺在铺在地上的竹席子上,张合着嘴,也不知道是在说着什么,还是喘着粗气。土灶门口,一位目光呆滞的年轻母亲怀抱着一个瘦小的孩子,一动不动,好像刚刚摇累了,骤然间停在那里。家人们一个个神情恍惚,有气无力。

他一走进家门,首先发话的是父亲:"你怎么回来啦?毛竹不看住,明年还要挨饿!"这语气有点生气的意思,但听起来毫无气力。

"我采摘了一点山货,不知道好不好吃?"

"好吃的东西?"小兄弟好像刚刚从死亡的边缘活了过来,直冲进来,一看,"包噜(当地人称玉米)?!"他惊叫起来。

"包噜?哪来的包噜?"母亲一翻身,赶紧爬了起来,"我来烧了吃。"

"不是包噜,是箬米!"他不知道哪来的灵感,难道是饿着肚子的人们对米的渴望?他竟然直接将箬竹的果子叫作"箬米"。但是,因为天目山区的人将"箬"念作短促的"niù"音,"箬米"又是第一次听说,所以弄得大家糊里糊涂。等到他一五一十地将整个发现的经过跟家人诉说了,家人才知道它的由来。大家也就称它为"箬米"了。

母亲和妻子很快将这些箬米洗净,烧火煮熟。兄弟和孩子,看到家里开火烧吃的东西了,马上围在灶台前,不忍走开。闻到了箬米的香味后,更是口水直流。烧熟后,母亲郑重其事地分给家人吃。因为从来没吃过,也没有听说过,父亲和母亲担心有毒,还极力劝孩子们少吃点,尝尝新就好。

饿坏了的家人们很快便吃完了箬米饭,而且感觉到非常爽口。过了好一会儿,没有一个人感觉到不舒服。

看来可以吃!

痛快地吃了东西的一家人,立刻精神焕发,说话声音响起来了,走路步子大起来了,脸上笑容多起来了。他们认为应该马上再去采摘一些,而且还应该立刻告诉左邻右舍。三兄弟继续上山采箬米,父亲、母亲和妻子,挨家挨户报告喜讯。就在这一天下午,有很多邻居上山采摘箬米。也有一些邻居坚决持怀疑态度,继续双手插在袖口里,蹲在村口观望,结果又挨了一天饿。

不多久,"山上有箬米,可以当饭吃"的消息,一传十,十传百,天目山区周边地区的老百姓都到山上采摘箬米,甚至是南天目、西天目、龙王山等高山顶上,都有找寻和采摘箬米的人群。

自那以后,一直到夏末秋初,天目山区包括安吉、临安、宁国、广德、余杭、长兴以及德清等地区,因为大量采摘箬米,老百姓家中多少有了一定的食物,饥饿程度明显减轻了,饿死的人数比其他地区要少得多。于是,1961年以后,天目山区的老百姓就将箬米称为"救命米",将箬竹奉为"救命竹"。一件普通的东西,在关键的时刻,发挥了重要作用,那么它就会被人敬仰,就会称赞为是闪光的金子!

被奉为"救命竹"的箬竹,属于禾本科植物,主要分布在浙江天目山区和湖南阳明山区海拔三百米至一千四百米的地方。箬竹竹竿高可达两米,最大直径可达七毫米,呈绿色,可制作竹筷、毛笔杆、扫帚柄、钓鱼竿等。它的叶片为宽披针形或长圆状披针形,顶端长尖,基部楔形,长度在二十厘米至五十厘米,宽度在四厘米至十二厘米,可用于衬垫竹篓,包装茶叶、笋干、山核桃等;填充多种防雨用品,比如斗笠、船篷衬垫等;制造箬竹酒、饲料、造纸、提取多糖。因其甘、寒特性,所以还具有清热解毒、止血消肿的功能,可入药治病。当然,最常见的是将它用来包裹粽子,所以,它又叫"粽叶"。其实,它还可以用来垫团子、编成帘子盖小屋。箬竹笋也是一种蔬菜，制作笋干或保鲜笋。

箬竹以大量野生为主，近年来，也有人工丰产栽培的，其植株可做园林绿化、河边护岸护坡等。

关于箬竹，有一个村名竟然与它有关。相传，在孝丰西十公里处有一个小山村，村里曾出过两位举人，一文一武。一天，皇帝知道他们是同乡后，召见他俩，问："你们家乡有什么名产？"他俩不假思索地回答："毛竹。"皇帝要他们将最大的毛竹献给朝廷。背大毛竹上京城，千里迢迢实有困难，但又不能违抗圣命，两人经过商量，在山上采了最大的箬叶，献给皇上。皇帝看了，认为竹叶有这么大，它的竹子应该是大得出奇，连称："大竹、大竹！"因此后人就称此村为大竹竿村，沿用至今。

竹乡小景

唯等淘者纷纷来

这里，山清水秀，峰峦叠嶂，峡谷幽深，是大湖、大江的源头；这里，物产丰富，环境优美，地势独特，是旅者、游人的乐园；这里，历史悠久，文采厚重，古迹翩连，是文人、骚客的圣地。这就是高村，一个令人神往，带有浓重的狂野特性、浓厚的神秘色彩的地方。

从安吉县城出发西行，横穿孝丰、杭垓两镇，驱车个把小时，不要畏惧一小段道路的蜿蜒曲折，也不要因某一区间只见山不见路而担心再也无法前行，只要抱着"胜利在前头"的信心，勇往直前，便能到达神奇的高村。

高村，是真正处于竹海深处的一枚绿宝石。全村面积23.5平方公里，而山林面积达30200亩，约20.2平方公里，占总面积的86%以上。山林中毛竹林面积最大，14250亩，还兼有山核桃等果树林和薪炭林，森林覆盖率96%以上。在高村，开门见绿满眼入画，稍稍转身，便又是一幅不同的画面，而且，一年四季绿得流油。这些绿，不仅营造了新鲜的空气，提供了优美的环境，更蕴含着一个资源丰富、亟待开发的绿色宝库。毛竹全身都是宝，已经不容置疑；山核桃深受消费者喜爱，也已经成为常识。然而，如果有人在这枚绿宝石中建起一条观光铁路，建起一批民居木屋，将高村的毛竹林开辟为某个竹制品企业的原材料车间……将高村的绿色作为新的卖点，那些经高人点拨、由有识之士"智造"的结果，又会是怎样呢？

高村，是浙江、安徽两省安吉、广德、宁国三县市的交界点。你来到这里，选择一个可以遥望四周的山头，站在这个具有象征意义的节点之上，会忽然热血沸腾，仿佛你从一个平凡的人骤然间变成一个占有两省三县的霸主。

高村的大沿坑，是西苕溪西溪的发源地。大河的源头，自然是最令人遐想翩翩的地方：那里是石头缝隙里的点点滴滴？是一汪小小的清泉？还是一片潮湿的沼泽地？不到源头，自然不知道其真实状况！西苕溪源头至太湖入口处的直线距离为97.2千米，溪水大部分在山峡间穿梭。西苕溪西溪从源头到高村村口的四五千米，有涓涓细流，有落差不一的飞流瀑布，有只闻水声不见水影的暗河，有深不可测的小沿坑五龙潭，还有几段沿着村子蜿蜒而过的平缓溪滩。夏天，在高村，沿河逆流而上，那是一种什么享受！是探源，是纳凉，是亲近自然，是寻找乐园……你可以看到在别处看不见的植物，你可以听到石蛙发出的吼声，你可以拉着粗壮的蔓藤攀登，你可以捡到各色各样的鹅卵石。但是，当你站在顾村或者高村村口，眺望水流平缓而宽阔的西溪时，你又一定会误认为西溪源头离我们远着呢。

景色迷人的高村，近一百年来，居住着一群据说是从安徽安庆地区迁徙而来的淳朴山民，因此目前几乎全村人都说安庆话。其实，高村的不少姓氏并非安庆人。不管祖先居住在哪里，基本统一说安庆话，体现了高村人的团结、协作程度。高村有一种独特的民居方式，那就是石片屋。砖墙，木质屋架，屋顶上却盖着从当地石矿开采出来的石片，冬暖夏凉，独具特色。

高村，具有丰富的山林资源，农村经济体制改革初期，就有一大批高村人走出深山，闯荡大江南北，将当地的毛竹、树木、山核桃、茶叶等丰富的资源，源源不断地输送到杭州、上海、南京、苏州等地，打开了资源换资金的渠道。随着生态保护意识的增强，尤其是"绿水青山就是金山银山"意识的强化，高村人也转变了观念，意识到卖资源是一条无望之路！然而，保护了绿色资源，却自断了一条条"财源"，高村人经历了一段时期的迷茫。"保护绿色资源，并不是要求我们回到过去，回到原始社会！"高村人迷茫、徘徊一阵之后，又主动出击，向林业专家讨教，到一些先进村和地区参观学习，他们在"'天下银坑'不砍毛竹看毛竹也要买票""山川乡续目自然村在毛竹林间造房子吸引了不少杭州人""孝丰镇横柏村村民在毛竹山里套种杨桐赚了好多钱"等事例中,领悟到了一些真经:"保护资源,是为了更好地利用和开发资源。"开阔了眼界,擦亮了眼睛,更加坚定了"生态经济强村"的意识。眼下,高村人立足于破解山区发展难题,勤奋地努力着,准备再次创造新的辉煌。

我深爱着高村,牵挂着高村,但由于我的愚笨,在这里只能如管中窥豹,点滴、零散地展示高村的神奇、高村的魅力和高村人既热情好客又勇于开拓的精神所在,是为了点燃有识之士开发高村的火种,呼吁爱美之人到高村猎奇赏景。喜欢淘金的人们,何不像在网络淘宝一样,到实实在在的高村淘点什么呢?

双一的红旗我的红

初秋[1],双一村[1]采风归来,繁茂的竹林、奇异的古树、清澈的河水、水中翱翔的鱼群、石砌的古道……一直萦绕在我的脑海里,深蕴着的模糊的亲情和清新的胜境,催促着我尽快发出些许感慨。然而,许久许久,觉得该写的太多,竟无从下笔。

一月后的一个夜晚,我无意间没开灯,坐在床沿。上弦月将微弱的白光,透过窗玻璃,静静地泻到床前,仿佛在窗台上铺了一张偌大的银灰色书写纸。此时,我猛觉得,苍天也在催促我,要我写些什么。

走出房间,见妻子正在客厅兴致勃勃地做着"学习强国"中的"挑战答题"。我来到书房,再次快速浏览起《双一村志》来,希望从中找到线索,写些文字,以便完成积压已久的重任。面对"科技成果""生态建设""和谐幸福""红旗双一",那一幕幕快速放映的村史村貌，仍然令我思绪万千。

　　静心梳理，觉得"红旗双一"最能代表双一的变化发展历程。双一村，是民主法制的一面旗帜，是农业科技的一面旗帜，是生态建设的一面旗帜，是红色之旗、幸福之旗！这面旗帜多年来持续鲜艳夺目。

　　在双一，有一个人，本来应该是被尊称为伯伯、叔叔或是爷爷的老辈人，现在却很少有人这样叫他，不同辈分的后代，都使用一个统一的称谓——"老书记"。他就是朱岳年。很遗憾，我没有亲眼见过他。据说他是一个瘦高个，长方脸，浓眉大眼，宽宽的嘴巴，强健的胳膊，挺拔的双腿。就是这样一位山里汉子、农村劳动的好把式、带领林农总结出毛竹生产"八字方针"的有心人，创造了安吉县的一个"第一"和至今为止的一个"唯一"！1983年4月，这是阳光灿烂的一天，杭州，省人民大会堂，省人大代表热烈鼓掌，对新当选的六届全国人大代表表示衷心祝贺。本次当选的全国人大代表中，就有朱岳年。朱岳年是安吉县第一位全国人大代表，直至目前，他仍然是唯一一位当选为全国人大代表的安吉选民。他所得到的"第一"和"唯一"，是对他创造的其他大大小小许多"第一"和"唯一"的充分肯定。他是实实在在的基层先进、群众代表。之后的二十几年，县人大常委会慰问基层人大代表，朱岳年始终都在慰问名单之中，而且都是常委会领导亲自带班慰问。就连开展人大及其常委会纪念活动期间，整理他的事迹，都是由办公室主任亲自操刀。2005年，朱岳年辞世而去，作为人大常委会办公室副主任的我，痛失见到这位基层先进代表的机会，同时也一直没有机会亲近双一。

双一村是一个典型的农业村。采风中听到的民谣，把我们带到了共和国成立前落后的双一："九山少水一分田，亩产不过三百斤。干柴烈火比房高，餐餐粗粮番薯根。"那时，占全村人口96%以上的贫下中农，占有土地不到总数的50%，而占全村人口不到4%的地主、富农占全村土地的一半以上。双一村后来的发展变化，我在县农业局工作期间，通过翻阅资料，有所掌握。共和国成立后，双一村落实土改，贫苦农民拥有了土地；在双溪乡率先成立互助组、合作社、高级社，农民生产热情高涨；稳步推行联产承包责任制，保证了体制改革的稳定性与生产发展的持续性。在村党支部的带领下，从20世纪50年代后期开始，双一人民开展农田水利基本建设，注重土壤改良，荒山造梯田梯地、溪滩改旱地水田，茶叶等经济作物漫山遍野，水稻、杂粮产量持续提高，单季、双季、三熟制、杂交水稻步步为营，1965年粮食亩产突破五百公斤，1978年接近一千公斤。村民口袋里有钱、谷仓里有粮，下田出村人人骑自行车，当时的双一大队成为华东地区赫赫有名的富裕队。附近大队的姑娘都希望在双一找到如意郎君，实现从"糠箩"跳到"米筐"的愿望。双一大队成为全国农业战线上的一面旗帜，被评为全国农业先进单位。1979年，党支部书记朱岳年出席了全国农业先进集体、先进个人表彰会，捧回了农业部颁发的大奖状。这一年年底，在社会主义建设中成绩优异的双一大队，又收到了国务院下达的"嘉奖令"。我查阅了大量有关资料，在县城也直接与当时的双一村党总支书记、村委会主任有过交流，真希望早点去双一看看，更真切地感受这块经常创奇迹、创第一的宝地。然而，直到2013年年底调离农业局，仍然没有成行。

我与双一亲密无间，还是到了县科协。先是双一村要求实施农村科普"三个一"规范化建设[3]，方案设计好，我参加了会审。那一次，我领略了戴村（双一村的一个自然村）的碧绿、古典、原生态。后来，省科协领导屡次实地指导双一的科普工作，我陪在一侧，看得更细、听得更多、知得更深，尤其是双一与科协的深厚缘分。朱岳年是中国林学会会员，担任过中国科协理事；双一村编过科普书籍，拍过科普影视，在全国科技大会上获过奖；双一人带头开展毛竹丰产研究、竹类利用探索、竹类加工工具的研发和首先使用。一张发黄的老照片，再现了双一人当年首先试用凤凰山公社农机厂研制的毛料脱叶机的场景，真实反映了双一人敢想敢干敢于探索的科学精神。就是这片言只语、点滴零碎，汇聚成了一个重视科普、积极实践、善于总结的农村科技典型的高大形象。双一的成功，是科学实践的结果，是科学发展进程的反映，双一村自然是农业科技战线上的一面旗帜。如今走进双一，古道成了科普大道，河滨公园是一个丰富多彩的科普主题公园，在朱氏宗祠可以看到大量的科普元素，农村文化礼堂、李村农家乐聚集区、竹文化公园、农业观光园、《青恋》电视剧拍摄基地等，都充满了浓厚的科普氛围。科普人、科普事、科普风，和双一村的其他经验、成就，一起编织和绘绣出了双一这面鲜艳夺目、永远飘扬的红旗。

在梳理双一成功经验的过程中，我突然想起了三句话，"天下人大是一家""农民兄弟情同手足""科协是科技和科普工作者的娘家"。从这三句话里，我找到了我对双一这面红旗富有亲切感的原因所在，双一的红，就是我的骄傲、我的红。

不知不觉，听到了几声公鸡的啼鸣。回到房间，妻子已经酣睡，我却没有了睡意，久久地沉浸在充满重大发现的自豪和与红旗共荣的快意之中。

[1] 初秋：指 2019 年 9 月初。

[2] 双一村：浙江省安吉县昌硕街道下辖的一个村。

[3] 农村科普"三个一"规范化建设：这是安吉县科协在农村科普方面的一项创新。选择条件较好的行政村，在村里建设"一条科普大道、一个科普主题公园、一个小微型科普馆"，成为农村科普宣传教育的典范。

云端街市

　　董岭村位于安吉上墅乡南端，海拔八百米以上，而行政村驻地几乎又是本村最高地，因此，它是安吉县行政村驻地海拔最高的村，被人称之为"天上的村""云端的村"。

　　沿着一条蜿蜒曲折的林间公路，从县城出发，经上墅、罗村、龙王殿，不停地穿过竹叶笼罩的村庄，便可由东北方向进入董岭。董岭村南面，沿着一条新建的公路乘车翻山越岭，就可进入临安太湖源景区；董岭村的西南面，那是布满景点和农家乐的石岭村，雄伟壮丽的景观"浙北大峡谷"就悄然镶嵌在这片景区里；峻峭的南天目和山水统里潜藏在董岭村北偏东的斜坡下。董岭村特殊的地理位置，使董岭人仿佛生活在半仙境半人间的地界之中：站起来，云在脖子下，似乎可以和天上的仙女对话；蹲下来，云在头顶上，又回到了人间与凡人同乐。

2013年夏天,我们应邀来到董岭,在这个仙境里小住了几日,体验了短暂的人间神仙生活。

刚进入村子,正是下午两点,村里静悄悄的,鸟儿在树上挥动着翅膀,河水涓涓细流,只看见三五个人在几户农家乐之间懒散地走动。来之前,我打听过,全村只有三个自然村,农户一百二十二户,共四百八十人,我想,董岭本身就是一个山乡小村,人不多是自然的事。

我们住进了一家叫作"董岭山庄"的农家乐。农家乐里面却是热闹非凡,有人在打扑克,有人在放声高歌《十五的月亮》《敖包相会》,有人在阳台上吹风、嗑瓜子,还有人躺在铺有竹凉席的走廊上酣睡。我们进入房间,没有看见空调,但也不感到闷热,静坐一会儿之后,又都穿上了长袖衬衣。原来这里夏季平均气温也只有二十二度。

农家乐是董岭的一大特色,全村约有特色农家乐三十家,2007年就是"浙江省农家乐特色村",它和大溪村、石岭村、深溪村,成为天目山区闻名遐迩的四大农家乐典范村。

早就听说,董岭村自然资源丰富。小时候就特喜欢吃董岭上产的笋干和山核桃,因此,"董岭上"这个名字也让我感到特别亲切。这一次来到这个地方,想真切地感受一下当地的风情。稍做休息,我们走出小旅店,一路上还是没有遇到多少人。我们来到了村委会附近的"董岭集市"。这个集市所在的位置,是董岭村面积最大的一片平地。整个集市用钢框和金属板搭建而成,四周的金属板外侧,喷上了体现董岭"春夏秋冬"四季特色的图片,我记得,关于夏、秋季节的图片最有意思,一幅叫作"夏长",一幅叫作"秋实",贴切地表达了董岭人最实际的愿望。夏长,来的客人多,住的时间长,当地老百姓就可以赚取更多的钱。秋实,在收获季节,果实累累,然后转化为经济收益,持续富裕就有了希望!集市底座用水泥板搁置在一根根的水泥横条上,很显然,这个建筑属于临时建筑,要是拆除恢复原样,也是很快的事情。集市面积不大,七八百平方米,被隔成一个"U"字形,这头进去,那头出来,不用回头。我们进去,只见几个货架上盖着木板、塑料纸,也没有人看护,仍然是冷冷清清。

我们见没有什么可看的,就驱车翻山,到了临安境内,参观一位朋友的高山蔬菜基地去了。

回到我们住的地方,同行的朋友向农家乐老板吐槽了一番,说什么"见不到人,冷冷清清""集市里面没有东西可买"等。老板笑了,说:"你以为我们是县城啊,要人有人、要店有店、要货有货。"老板顿了顿,"明天早上人要多些。"

晚饭后,我们没有外出,就在没有空调仍然凉快的房间里打了一阵子扑克,早早地休息了。

当我们睡得正香的时候,被一阵嘈杂声惊醒。"发生什么事了?"妻子问我。

"不知道。"我打开灯,看了看表,刚三点半多一点,"不会是旅客吵架了吧。"

我走出房间,看到很多客人快步走下楼梯。

"怎么了?"我问。

"去买'笋摘头','笋摘头'不多的,迟了买不到。"接过话茬的是一位女性,上海口音。

"'笋摘头'?"我知道,就是将刚制作好的石笋干的嫩头撷下来,这一部分是笋干最嫩最鲜的部分,是天目笋干中的上上品,大家都喜欢吃。

我回到房间,不屑一顾地对妻子说:"上海人大惊小怪,去买笋干。"

"噢。我还要睡觉,睡到自然醒。你去看看吧。"

我本来也想再睡一会儿的,妻子这样说了,我觉得也罢,就去看看吧。

走出山庄,凭借着浓雾下昏暗的路灯光亮,沿着至少有二十度坡的道路,缓缓地前行。没走几步路,就从岔路口钻出几个人来,这里一两个,那里两三个,从开始的一个人,到集市门口大约七八百米路时,竟然汇集成了一小队人马。站在集市门口,我暗暗发笑。

我没有马上进入集市,在门口向四周眺望,四周还沉浸在黑暗之中。向西看去,昨天翻过的那座大山,深灰色的轮廓依稀可辨,它像一把靠椅矗立在集市之后。其他三面,只有浓浓的浮云和几点点缀其中的昏暗的淡淡的灯光,看那浮云,就像看到了滚动着的水浪,只能看到表面,却难测深浅。

我所站立的位置正好是四条道路的交汇点,那些道路的名称,我已记不清了,只记得有一条叫作"小黄山路"。我站在那儿不一会儿,又有好几队人马急匆匆地从浓雾中冒了出来,听那口音,有上海人、苏州人、杭州人、宁波人,也有我们当地的安吉人。这些三五成群的来客就像附近的景点一样,分散潜伏在各个方向、各个农家乐里,现在聚集起来,像磁石吸铁一样奔向了这里。

我走进集市,集市里灯火通明,买货的和卖货的熙熙攘攘,你拥我挤,跟昨天下午看见的情况大相径庭。几乎所有的摊位都摆放了货物,简易货架上,堆满了笋干、茶叶、山核桃、新鲜的蔬菜等,这些特产又分别有多个品种、多样包装、多种规格,琳琅满目,举不胜举。每一个摊位都围着顾客,甚至包括卖猪肉的摊位。有顾客说,下午要回去了,带点乡(香)土猪肉回去。转了一圈,看到最抢手的,还是"笋摘头",几群上海人围着几个摊位,正在咨询着。我走近一个摊位,见他们没有直接要称重量,而是你一言我一语探讨着。

问:"你这个(笋干)放盐比例是多少?"

答:"四斤。"

"哦,一百斤笋四斤盐。"我在旁边一听,这上海人还很专业。

又问:"你们的笋干是火烤的还是太阳晒的?"

"我们这里的笋干都是用火烘的,没有人用太阳晒的。"老板看了看这位顾客,"你要不要?人家等着称呢。"一副"皇帝的女儿不愁嫁"的样子。

这位顾客立马说:"要,要,给我称八斤。"

我一边走,一边看,一边还兴致勃勃地仔细聆听老板如何介绍土特产,双方如何讨价还价,来来回回转了好几圈。集市里更是人挤人了,我几乎迈不开步,只能寻找点滴空隙挤出来。"这些人从哪里冒出来的?"我问我自己,"怪不得这里的老板不愁货物卖不出去,原来这里有这么多的外来游客。"

我记得有人介绍过董岭的过去。人称"董岭上"的这个地方,原来只有一条小路穿过全村,上连石岭、下连龙王殿,而且都是崎岖的山路。山里盛产的笋干、茶叶、山核桃以及木炭等土特产,都要请人挑下山去才能销售变钱,然后再用这些钱买大米背回家,每次买米,最多只能买五十斤,然后慢慢地背回来。能上山下山的只能是年轻人,20世纪80年代末,董岭村通汽车时,竟有好多老人没见过汽车,还有不少人几乎没有出过村。山里的特产多,但是由于缺乏劳力、缺乏信息和市场,还是有很多资源不能变钱,有的人家茶叶、笋干、山核桃在石灰瓮里存放三五年的都有。

在集市门口,我与一位来自南京的客人交流了几句,他告诉我,他来董岭,首先是为避暑纳凉,选择周末,请几天假,合在一起,住上三五天,舒服。来了之后,发现景色好美,中间两天就去了石岭,游了"浙北大峡谷"。吃了这里的农家菜,合胃口,朋友圈一晒,要他带土特产的人可不少。这不,今天要回南京了,只好起个早,抢着买点山货。"品质好,价格不高,值!"看他那神态,真是满足。

我会意地点点头。

看看今天,想想过去,董岭人怎么会不富裕起来呢!

这游者穿梭的云端街市,就是推动和促进董岭人富裕起来的一个窗口。

两湖之间尚梅村

尚梅村，在天赋湖、龙王湖之间，实在是一块宝地。

天赋湖、龙王湖，虽然在地图上还没有标注这些名称，但在许多人的心中，早已有了深深的铭刻。不需要任何解释，安吉的父老乡亲也都晓得，它们分别代表了哪一方热土，哪一块净地，我们心头牵挂的哪一处！

早在1928年，水利专家汪胡桢[1]就警示我们："西苕溪为太湖之源，农田之命脉，其利固溥，其害亦深。"他建议，在西苕溪上游山谷建消洪坞，"既不致泛滥为害，且可灌溉和航行两受其益"。消洪坞者，防洪水库也！如此良好的建议，二十余年，虽有人问津，但终未有成果。感谢人民政府的科学决策，1958年，启动了赋石水库、老石坎水库的建设。孕育在浙皖交界处的西溪水，穿越了崇山峻岭，蜿蜒盘旋，汇聚在赋石水库，造就了浙北第一库——天赋湖；摩天接云的浙北最高峰龙王山，承接了天上之水，飞瀑布，走峡谷，成南溪，集结在老石坎水库——龙王湖。

西苕溪上游的西溪、南溪，两岸青山翠竹连绵，绿色植被丰厚，品种繁多，是一幅以绿为主色调，景致各异且迷人的超长画卷。两溪，河道狭长，落差分明，水流潺潺，生物丰富，也是风情万种。溪水，时而像珍珠一般，噼里啪啦，散落溪滩；时而如细线一样，无声无息，顺岩而下；时而如同门帘，整整齐齐，高悬崖边；时而与九天落地相似，直冲深潭！溪水、湖水，清洁甜美，养育了两岸民众，更为虾兵蟹将提供了良好的环境、丰富的食物、宽阔的空间。两湖集雨面积六百平方公里，养鱼面积一万两千亩，鱼的种类达七十（亚）种。安吉小鲵是龙王湖源头独有的名贵水产品种。两湖上游的小体型石斑鱼，黑白相间，纹路清晰，但数量稀少，尤其令人喜爱。听说有一种目前可能仍然没有命名、生活在石灰岩等岩石缝隙中、全身没有鱼鳞的溪鱼，油光光的，更是少见。太湖银鱼、银鲫在天赋湖试养，也已有所收获。大量的鳙鱼、鲢鱼、黑鲫、鲶鱼、河虾、螃蟹等，满溪满湖，层层叠叠，你涌我冲，你来我往，遨游浅底。

两湖就是两个富矿！

两湖的水产品数不胜数、美不胜收是自然赋予的。有的是人工投放、饲养的，自然需要征得主人同意才可捕捞；有的是投资者千方百计引进试养的,那更得帮助他们把好事办好。大多数鱼类,是西苕溪上游南溪、西溪和两湖的自然产物,有的可以垂钓,有的可以放笼诱捕,有的还允许用网眼较大的渔网捕捞,有的甚至徒手可得,还有诸如黄鳝、甲鱼等需要专业的捕捞工具方可获取。两湖,是渔者的乐园!

两湖可看可叹可赞之点随处可见。水面开阔,乘坐快艇、小船、竹筏,也有如入大海的景致,迎风破浪,乘者衣衫招展、长发飘起,站在船头,张开双臂,亦可高歌《我心永恒》。与水为伴,近看浪,远看山,抬头望蓝天,水、山、天,融为一体,一碧如洗。如需驻足,两湖边可以随意停船上岸。在岸边,垂钓者甚众,烧烤摊星罗棋布,素描爱好者专心致志复制着美景,摄影爱好者东走西串寻觅着最佳镜头。孩子们有的躺在草地上歇息,有的打着网兜追捕蜻蜓、蝴蝶,有的爬到小树上捕捉知了。喜欢拍抖音的小姐姐也来了,举着自拍杆,边走边唱边说,也是一道亮丽的风景。两湖,是游者的乐园!

两湖上上下下蕴藏着许多秘密。载有照相设备的无人机在湖上盘旋;一个团队,又一个团队,来到湖边,采集了这一种、那一种动物标本、植物标本,潜心探究从海拔一千多米到海拔几十米的骤变[2]中,形成了怎样的生命层次。有人一年四季,每天打卡,在两湖的水中翻腾,尤其是寒冬腊月,冬泳的勇士们也欢笑在湖中。两溪两湖的石头、细沙、滴水吸引着人们;

两溪两湖的走向、生态、气候吸引着人们。两湖,是探索者的乐园!

我同时推介两湖,是因为两湖已经成为不容分割的整体。

天赋湖从孝丰镇蜿蜒伸入杭垓镇,龙王湖则坐落在报福镇的群山之中。两湖相距不远,两坝直径距离仅为十公里上下,而两湖最接近处,还不到五公里。勤劳智慧的安吉人民,充分认识到两湖相距甚近的有利条件,建设了一项虽不起眼,但在浙江省率先实现跨流域联合调度的水利枢纽工程——鸭坑坞渠道。龙王湖存在库容小而来水猛的矛盾,调蓄能力不足,一旦遇上较大洪水,就不得不大量泄洪弃水,既加重了下游地区的防洪压力,又造成了水资源的极大浪费。鸭坑坞渠道将两湖连接起来,鸭坑坞分洪闸在关键时刻起到了跨流域联合调度的调节作用,是"贯通两湖"的大功臣。

鸭坑坞渠道,像一条连接两颗光彩夺目的翡翠的银链,银链的中点是一个叫作梅泥坞的(位于杭垓镇尚梅村)世外桃源般的地方。

尚梅村,就处于两湖之间。

鸭坑坞渠道就经过这个村。每天初升的太阳几乎同时照射到两湖之上,两湖湖面的水雾也同时开始升腾,不多久,这些水雾,就会在尚梅这个地方相遇,交汇,牵手。垂钓者在龙王湖遭遇了"白板",赶紧转移战场,奔向天赋湖,要抄近路,必然要经过尚梅。正在建设的，从天赋湖库尾杭垓直通龙王湖所在地报福镇的原孝丰县西（乡）南（乡）通道水杭线，贯穿尚梅。

　　位于两湖中间的尚梅村，呈现了许多优势。两湖的水产品，到尚梅交易距离最近、最方便，自然也是最新鲜的。要吃来自两湖最新鲜的水产品，尚梅村是两湖渔者、游者、探索者休憩的好地方！水杭线穿村而过，申嘉湖高速公路出口安在村西侧，于是尚梅村又是东向上海，西向宁国，南向报福的最佳通道。

　　近年来，尚梅村已经取得了"消薄"[3]战役的全面胜利，稳健地踏上了发展的新征程。"借势借力，发展尚梅"，发挥处于两湖之间这一独特优势，已成为发展尚梅的重要条件。高速公路即将通车，水杭线建设加快，农（水）产品市场规划重建，集住宿、就餐、娱乐为一体的"赏梅楼"封顶待招……擅长烹饪水产品的高手来吧，这里的游客需要你；垂钓者在这里停一停吧，这里有休息、交流的好环境；两湖游者欢聚在尚梅吧，这里可以提供吃、住、游全套系列服务；两湖的探索者在尚梅住下来吧，在这里可以聚精会神地做好后续工作。

　　独特的地理环境、气候条件，促使尚梅村四季如春。"黄四娘家花满蹊，千朵万朵压枝低。留连戏蝶时时舞，自在娇莺恰恰啼。"诗圣杜甫的寻花诗正是尚梅这个地方的真实写照！

魅力尚梅牵两湖，两湖财气汇尚梅，你我时不时地光临尚梅，沾染财气，一定会与尚梅共赢！

[1] 汪胡桢（1897年7月12日—1989年10月13日）：浙江嘉兴人，水利专家，中国现代水利工程技术的开拓者，中国科学院学部委员（院士），水利部原顾问、一级工程师。

[2] 从海拔一千多米到海拔几十米的骤变：龙王山，海拔高度1587.4米，而天赋湖海拔在100米左右，山湖落差大，同一经纬度不同海拔的植物、动物种类差异也比较大。

[3] "消薄"：消除集体经济薄弱村。

徜徉在科普大观园

　　生态文明、"绿水青山就是金山银山"、可持续发展……这一切，已经成为全球民众关注的焦点、专家学者关心的热点、有识之士关爱的重点。

　　与这些理念相对应的是"绿色"。"问世间绿色几何，唯有'忧者'方知晓！"纵观全球，泱泱大海、茫茫戈壁、冰天雪地、人楼层叠，占据了大部，微弱的绿地，自然增添了磁性吸力。安吉，是东方大地上的一颗"绿色之珠"，面小、色深、有层次，蕴含着博大与深邃、亮丽与厚重，朴实且富有内涵，因此，爱绿、问绿、观绿、赏绿、鉴绿，来者呈井喷、蜂拥之势。中南百草原，当属"东方绿色之珠"上的点滴亮光，虽微小却达贵，故有"看安吉必看百草原"之说。

　　我屡次畅游中南百草原，每一次都会有新的收获，真可谓日见日新。

中南百草原，早在 2003 年就申报成功"全国科普教育基地"，应当是浙江省首批。全国科普教育基地，是国家级综合性科普品牌，中南百草原已经历过多次复评，荣誉一直保持至今。

中南百草原，占地面积五千六百亩，投资十二亿元，拥有森林、草原、湿地、竹海、野生动物等生态资源，拥有与之配套的餐饮、会议、住宿、娱乐、养生、拓展等众多产品，是植物世界、动物世界和运动世界三大主题的综合性科普教育基地，实现了农业、林业、生态、体育、科普等与旅游的完美结合。

在基地门口，部分停车场就隐藏在松树林下，高大挺拔的国外松，春夏秋三季，针叶翠绿茂密，汽车穿插停靠在林间，避免了日晒，游者在清凉的环境中上下车，心情愉悦。如若你有心深究，肯定会将这国外松与安吉籍著名科学家陈嵘联系起来，听完他引进国外松并在家乡试种的故事，赞叹他对中国林业的重大贡献。

走进基地，一片马尼拉大草坪令人心旷神怡。草坪面积大，狭长形，稍有点坡度，草新一碧，未有杂色。前几年，有多届国际小姐、亚洲丽人、城市仙子，都是在这里展示技艺，勇夺桂冠。放眼大草坪，男子汉们策马扬鞭、飞奔狂舞的欲望油然而生。而幼小的孩子们并不希望你这样做，他们在草坪上蹒跚前行，摇摇晃晃，扑花追蝶，要的是十足的安全感。在草坪的这一处，有三三两两的红领巾在做游戏；那一处，又有五六个小学生在讨论关于植物的问题，如种子、花朵、色差；更远点，还有中学生模样的青少年正在进行辩论赛，一群人围着，突出位置有两只小方桌，三人一组，指手画脚，争辩不休。有人在拍照，有人在亮歌喉，有人比画着在练习广场舞。草坪四周有众多的专题植物园：桂花园、观赏竹园、玉兰园、红枫园、香樟园、梅园、樱花园、白茶园。你对什么感兴趣，就可以挑选一样，深入研究，只要有心，一定会取得辉煌成果，至少，你会说出很多人说不出的东西来。我十分赞同我的一位朋友所说的："多学点东西，吹吹牛也是好的。"

对植物，我们可以深究它是什么属、什么科、什么类，怎样的生长特性，根、茎、叶、花、果可以做些什么，与其他植物有什么不同，等等。安吉是竹乡，竹类资源丰富，那么，关于竹的知识，你又知道多少呢？比如竹笋成竹后，竹子不再长粗、长高，原因何在？竹子的全身都是宝，如何综合利用？天目山区特有的给毛竹钩梢，是怎么做到的？在竹园里，仅仅金镶玉、玉镶金两种竹子就会弄得你晕头转向。安吉白茶，是具有安吉地理标志证明商标的特产。在白茶园，你可以观察白茶，分辨它与其他绿茶的区别，体验采摘，简易检测白茶各种成分的含量。中南百草原，植物自然是主角，种类众多，再走过去，还会遇见成片的原始淡竹林、季节性极强的水稻、硕果累累的杨梅等。

基地更加吸引孩子们的，当然是活蹦乱跳的动物了。动物园面积占据基地面积的三分之一，有东北虎、扬子鳄、东南亚大象、非洲野生动物群，动物们千奇百怪的动作、各有特色的叫声，逗得游者合不拢嘴。一进入动物区，憨态迷人的熊便迎候在那里，有举着掌要食物的，有睡在那里享受阳光的，有扭着屁股四处走动的。细心的孩子听着导游介绍熊的种类、生活习性、有多重多高、熊掌的力量如何；顽皮的孩子只顾着向熊扔胡萝卜，尽情地引逗玩耍。要说给动物喂食，也有好多知识可以掌握。老虎吃鸡、骆驼吃草等，区分了食肉动物与食草动物。有的动物，比如熊，它以食草为主，同时还会到河里捕鱼充饥；有的动物，比如乌鸦，以食肉为主，也要吃些草类食物——这些动物，可以称得上是杂食类动物。一般的猴子叫声轻微，"吱吱"、"叽叽"，但是，基地猴山上有一种猴子，叫唤起来非常吓人，震耳欲聋且有回声："我饿！""我饿！"东一句、西一句，你一句、我一句，一群长臂猴在大铁丝网内东奔西跳，前臂抓住丝网，后臂和长长的尾巴腾在空中，接连不断地叫唤着。讲解员介绍，天气晴朗，它的声音可以传到两公里之外，据说，诗仙李白"两岸猿声啼不住"中的猿指的就是它。基地里没有大熊猫，但有"小熊猫庄园"，那满身金丝的小熊猫，看上去干干净净，毛发整整齐齐，拖着长长的尾巴，匍匐在树枝上，两只黑色的眼睛滴溜滴溜地转动着，时刻注视着游人，很是可爱。它们虽比不上大熊猫珍贵，但也挺漂亮。基地的动物园里，饲养了五十多种、二百多只不同的动物。你想熟悉每一种，就要多次前来，不断地深入探究，没准你会成为一名动物学家，或者生物学家，或者仿生学家，甚至画家、摄影家。

基地内还建有多处专业科普馆，如生态博物馆、科技研发中心、野生动物科普中心、中华虎园研究基地、非洲动物科普长廊、高山海洋馆、"两山"理念实践馆、文学创作基地等，科普氛围浓、科普场景多、科普手段丰富。这是一座科普大观园，是一个科学技术知识的大海洋。

也许有人认为，进入了"中南欢乐世界"，那肯定就是娱乐了，没有知识的收获。其实，要获取知识，并不在于什么项目，而在于你是什么人，你喜欢什么，你是不是一位有心人！摩天轮、过山车利用了什么原理？玻璃栈道、高空走钢丝，利用了游者的什么心理？"三味书屋""爱情谷""江山美人"等取名，又寓意什么？都是值得探索的问题，一旦有了正确的答案，你就会获得更多的知识，日积月累，离你要当科学家的梦想就越来越近了。

基地每年的游者可突破百万人次，少年儿童又占据了其中的大多数。基地是少年儿童健康成长的摇篮。孩子的成长，不只是在校园里可以实现，基地也可以发挥极大的作用。习总书记多次强调，希望孩子们"德智体美劳"全面发展。我们是否可以把一部分教育培养任务拜托给科普教育基地，教育部门和基地加强联系，建立机制，将孩子来基地参观学习视作课外学习实践，孩子可以获得科学课的部分学分，提升他们学科学的兴趣和科学知识水平。

来吧，让我们来到"东方绿色之珠"的精品点——中南百草原，一起徜徉在科学知识的海洋里。

来吧,畅游孝丰垭子

安吉有一个地方实在很小,但是,《孝丰县地图》《安吉县地图》,都没有忘记标注这个地方。这个地方的名字很特别,四个字,叫"孝丰垭子"。

孝丰垭子,地处安吉县最西北,现属杭垓镇文岱村,是安吉县与安徽省广德县的交界处。

清晨,我们从县城出发,沿着306省道,途经孝丰、杭垓、拐进磻溪,在杭垓镇石壁村分道右转,穿行竹林,过文岱中心村后继续北上,然后将车子档位降到二档一档,缓慢爬坡行进,相对而言,这一段道路既弯又陡,但又不是临崖险境,开车人注视着前方,自由地换挡、踩刹车、加油门,心情会十分愉悦。这样上行二十来分钟,便到了岗上。这时,眼前豁然开朗,道路平坦了,两面的青山翠竹像是夹道欢迎的队列,几幢二三层的楼房紧挨着矗立在翠竹之间，行人也三三两两出现在路旁：孝丰垭子到了。

以前，孝丰垭子交通十分不便，历来只有一条只容一个人通过的羊肠小道，但是，那里又是安吉、广德两县的交通要道！听说，共和国成立后，当地政府在那里修路，修了几十年，还是一条"机耕路"，载满货物的拖拉机只能在山脚下卸下一半货物放在路旁，半车货运送到山岗上后，卸完货再来跑一趟。这样的情况一直延续到2011年。2011年下半年，在县农业、财政部门的帮助下，文岱村申报了农村公益事业"一事一议"财政奖补项目，争取到省级财政几十万元的补助，县、镇政府同时下拨了配套资金。2012年上半年，一条通往广德桃山乡的宽阔水泥路终于建成。从此，孝丰垭子变通途！

垭，从土从亚，本义为"自然形成闭锁圈的地形"。孝丰垭子是孝丰通往广德的"两山之间的狭窄地方"。但孝丰垭子又不同于其他的关、隘、口、岗、坞。它坐南朝北，小河之水向北流入广德境内。垭子绵延两公里，由几个小小的村庄串成，"自然形成闭锁圈的地形"在这里得到了充分的体现。孝丰垭子现在有两个村民小组，六十多户人家，以康、盛、向三大姓为主，都说"湖北话"，居住在五六个小小村庄里，最大的村庄居住了约十五户人家，还有一家锯板厂。

孝丰垭子盛产毛竹、杉木、小竹，近年来，安吉白茶面积占地比例迅速提高，山脚边、稻田里，原先的荒山、老茶园，都种上了安吉白茶，也有少量的白茶地嵌入毛竹林子中间，很明显，这里也有毁林种植白茶的情况。田间种植的农作物并不丰富，但有不少田块种植了一种中药材。春夏之交，它还是一株湖蓝色的秆子，秆子顶部用塑料纸包扎着，秆子上面布满了一根根同样是湖蓝色的针刺，少数秆子上面长出细小的绿叶。据当地人介绍，它的名字叫"覆盆子"。查了一些资料，显示它是一种蔷薇科悬钩子属的木本植物，是一种水果，果实味道酸甜，植株的枝干上长有倒钩刺，安吉一些地方的人叫它"野草莓"。其实，它在安吉各地都有生长，只是叫法大不相同罢了，在全国而言，它的别名就更多了。覆盆子具有补肾固精，养肝明目的功效。

田间作物种类贫乏，但并不能代表孝丰垭子缺乏可食之物。"周围的大小山峦是我们的食物宝库！"沿着山脚种植的是多种多样的果蔬，平原农家菜园里有的，这里都有；平原农家菜园里没有的，这里也有。比如由于这里的气温低，蔬菜生长期比较长，反季节蔬菜就比较多；这里与安徽广德接近，安徽的蔬菜品种进入安吉，就会先在这里安顿。一年四季，竹笋不断，也是这里的特色。孝丰垭子处于崇山峻岭之中，更是野生动物的乐园。当地人告诉我，这里还有个别名，叫作"野猪岭"，一直以来，这里野猪特多，夏秋季节，野猪还会跑到菜地里糟蹋庄稼，尤其是政府加强了对猎枪的管理后，野猪就更多了。现在，山民们想吃野猪肉，主要靠一种特殊的工具来套住野猪，一年四季，有需必供。

孝丰垭子,由于其海拔较高,温度与县城相比,几乎要低五度至八度。炎热的夏天,这里却凉风嗖嗖,毫无热燥的烦恼,是极好的避暑胜地!从岗上到广德垭子口,有两公里的缓坡路段。你要打算在这里静下心来,看绿色山川美景,听山泉飞流与鸟鸣风语,感受清凉舒爽,那就带着家人,边走边聊,缓慢地在公路上散步,那时,工作的压力、心灵的压抑、身体的不适等,都会跑到九霄云外。你还可以走进竹林子,寻找鞭笋、野果子以及其他奇花异草,认识各种各样的植物,吟唱抒发感情的歌谣,大喊也可以,小叫也无妨,你会得到一身的自由和轻松。

午餐不用愁!垭子的人们非常热情好客。你可以就近跑到农户家里,告诉主人,有三四个人,或者七八个人,要在他们家里就餐。蔬菜不用出钱,你看中哪只鸡,或是哪只鸭,就请主人将它宰杀了卖给你,主人负责烧好,约定时间开饭就行。如果事先打过招呼,那么,安心享受一顿丰盛的午餐就好。

如果你随车带着钓鱼工具,那么你可以从公路上蹦下去,只要跨上一步,就到了鱼塘埂上,舒展着鱼竿,舒心地垂钓。但冷水鱼可难钓啊!

这样一个仿佛是世外桃源的孝丰垭子,有吃、有看、可听、可玩,有兴趣的,还可以探究其地理、历史、人文,我们有什么理由不去畅游呢?

美丽的铺垫

这是一个江南小县,却成了世界关注的焦点和亮点。一项历经当地几代人艰苦、勤奋探索的成果,被一位领袖精准提炼之后,这里突然靓丽起来。

"绿水青山就是金山银山。"一个科学的论断,在上海、杭州、南京、宁波等大都市群中的"绿色之珠"安吉提出,成为一项治国理政的理念,载入了党的章程,与之相关联的"生态文明建设""绿色发展""美丽中国"都写进了共和国宪法,引领着共和国持续健康发展。

人民的探索实践是伟大理论的源泉,是胜利凯歌的美丽铺垫!

回望历史,安吉也不是一块固若金汤的净土。太平天国起义军北上南下,两度在此厮杀,安吉、孝丰人口大减,"招垦招佣"，海纳百川，外地移民大量涌入，开荒种地，成为必然。长期以来，山民们砍柴烧炭换取粮食和日用品，炭窑星罗棋布，山间浓烟滚滚。为服务"大办钢铁"，全县组建十多个"木炭营"，进山烧炭，最多时炭窑达千座之多，年产木炭一万余吨。1960年代与1970年代，开山种粮，热火朝天。挖山开矿、无序挖沙、毁林种植经济作物，也时有发生。

保护环境且不随波逐流，一直是安吉的主流，面对林林总总破坏生态的行为，反对、抵制、制止，始终没有停止过；爱绿、植绿、护绿在这里世代延续传承。

自古以来，安吉人、孝丰人就有个习俗：村子周边、河流旁边和祠堂、庙宇周边的树木，不得随意砍伐。老年人总是会想起村口的参天古树，郁郁葱葱，纳凉的人群可以谈笑到天明；河边的柳林密密麻麻，覆盖了河道，在树下岩石上避暑，惬意舒畅；道路两旁，常绿植物宛如列队的士兵，整齐划一。

清嘉庆十三年（1808），安吉立有"奉宪禁碑"，它是安吉人保护生态的例证之一。这块碑高一百五十厘米，宽七十厘米，厚二十厘米，碑文八百五十六字，记载了永禁"盗挖冬笋和私设笋行"以及保护竹林的措施。安吉还有严禁砍伐的"阇村公禁碑"、禁止挖沙的"登龙渡碑"。

1916年，著名林学家陈嵘回到家乡，指导浮云山一带的林农，采集树种、培育苗木、人工造林，成为浙北地区人工大片造林的起始标志。

1928年，安吉、孝丰两县，分别在李王山、太阳山营造"中山纪念林"，既有纪念意义，又有引领、示范、带动等实际效果。

保护环境，先辈们劳苦功高，共和国成立后，安吉的爱绿、护绿高潮迭至。1950年，县政府发布"护林布告"，持续开展"封山育林"。1963年，全县停垦还林三万余亩。同时，政府年年发动群众造林：1950年代，种植马尾松；1960年代，浑泥港流域和西南山区种植油茶、油桐等经济林；1970年代，重点培育用材林，杉木林、国外松面积骤增，至1988年，全县累计营造杉木林基地近十万亩、国外松两万七千亩。有数据表明，1951年至1988年，全县累计造林近八十万亩，既绿化了安吉，又为国家林木资源供应和储备做出了巨大的贡献。

1980年代，缫舍乡七管村民办教师周可善、孙克旺，两人边教书边带领家人植树造林，每家承包荒山上千亩，成为造林大户，一举成名。随后，全县造林大户不断涌现。

有一位老人，为了绿化家乡，提出要做一个"种树不砍树的人"，在路旁、在河边、在乱石堆、在泥石流发生地、在采石采砂场，持续不断义务植树两万三千株。为了保护小树苗，他在植树现场建起小茅棚，离家仅二里地，也要夜宿茅棚护苗。他后来被选为县人大代表，1986年，被中央绿化委员会授予"全国绿化劳动模范"。他就是报福乡统里村的杨继舜老人。石马湾，是老人义务种树的起点,如今的石马湾,蓝天、翠竹、绿树、碧水,真正是一方净土。当初,村里很多人对他种树嗤之以鼻,他语重心长地说:"种树就是为后代种钱,要教育大家理解。"现如今,这些人没有了音信,而他常常被我们提起。

后来,安吉又出了一个"植树女状元"潘世珍。

绿,是生态的基础。黄浦江和太湖之源,安吉森林覆盖率达71%以上。由于有了植绿、护绿的良好基础,安吉人民保护环境的意识牢固,与之相关的观点、思路不断涌现,安吉持续吹奏着"保护绿水青山"的冲锋号。经过无数次的选择,安吉提出了"生态立县"的口号,从此,安吉踏上了生态建设的新征程。

1998年,安吉县积极配合太湖流域污染源达标排放行动,即"零点行动",县内重点税收企业孝丰造纸厂停止了具有三十年历史的麦草制浆流程,采用全商品浆组织生产,配套建立废水处理工程,长年直排河流的造纸黑液消失了。我清楚地记得,1999年1月1日0点,县领导与环保工作人员在西苕溪现场监督抽查,水质达到饮用水Ⅱ类标准!现场一片激昂:"零点行动见成效。"

2001年,安吉旗帜鲜明地提出了"生态立县"发展战略。2003年,正式提出建设生态县,进而又提出"生态立县——生态经济强县"的口号,努力将良好的生态环境和生态资源转化为人民的幸福资源。

安吉生态建设成果迭起、典型迭出。

2003年3月,安吉县"两会"期间,身穿白大褂的民主党派人士、县政协委员、第一人民医院医生徐佰成,向政协会议提出了设立"生态家园日"的提案。符合人民心声的建议,一呼而百应,徐佰成委员的建议,很快得到了人大代表和政协委员的响应。会后,县委、县政府组织专题调研。9月13日,安吉县第十三届人大常委会第六次会议通过决议,将每年的3月25日定为安吉县"生态日"。共和国历史上第一个"生态日"在安吉诞生。

2004年初,县人大常委会批准了《安吉生态县建设规划》,做出了《关于"生态立县——生态经济强县"的决议》。每年全县多层次、多形式开展生态主题活动。农村环境整治、小流域治理、农业面源污染治理、西苕溪整治、关闭石矿、水泥企业限期转产等,都成为生态系列活动的主题。生态主题活动,有的连续几天,有的持续几年。

安吉县政府坚持高标准招商选资,拒绝或否决了在西苕溪上游和饮用水水源地建跑马场、度假村之类的号称"高大上"而不环保的项目十几项,全县生态建设扎扎实实向前迈进。

"拨云见日,为我们送来了绿色发展方法论。"十九大人大代表沈铭权是这样评价安吉发生的这件大事的。2005年8月15日,正值初秋,阳光明媚,时任浙江省委书记的习近平来到安吉调研,他对安吉的生态建设赞不绝口,称赞余村关闭水泥厂、矿山等是"高明之举":"实际上,绿水青山就是金山银山。"

  崭新的理念,是引领着人们走进新时代的最强音,之前那漫长的美丽的铺垫,也将永远回荡在绿水青山之间。

  (此文获 2019 年"壮丽七十年,奋进新时代"纪念新中国成立 70 周年主题征文二等奖。原标题《实践的脚步在闪耀》)

补丁记忆

最近,一个一向热热闹闹的微信群里,一位年轻女性发了个自己真实的经历,说她奶奶八十多岁,患老年痴呆症多年了,可是不久前一天,奶奶却突然戴着老花镜,拿着针线,忙着缝补孙女带有破洞的新买的牛仔裤。妈妈上前制止,奶奶却说:"哪有妈妈让孩子穿破裤子的!"她和妈妈感到又好气又好笑。

无心插柳柳成荫!这件事,却勾起了我对母亲的思念,尤其是对我们孩提岁月,衣服、裤子上那些补丁的回忆。

在二十世纪六七十年代,身穿有补丁的衣裤,那是经常的事。无论大人还是孩子,无论内衣还是外裤,无论春夏秋冬,在乡村,无论富有还是贫穷人家。但是,那个时候,大人们很忌讳家人穿着带有破洞的衣裤出门。妈妈告诉我们:"人家要说我们不勤快的。"还有"小洞不补,大洞难补"的道理。

孩提时代，裤子的裤管、膝盖和屁股部分以及衣服的口袋、袖子，是最容易破的地方。几经磨损，先是变得毛毛糙糙，然后是一小块地方只留有横丝没了直丝，再不久就连横丝也悄悄断了，成了破洞。如果任由不管，破洞会越来越大。我曾经看到有人穿着的裤子两个裤管的膝盖处，只有一丁丁点连着，几乎马上要断裂，两个膝盖整个儿都裸露在外。我跟妈妈说了看到的情况，妈妈不许我嘲笑他，但也不许我们像他这样穿。记得小的时候，母亲每天晚上都要检查一下晒干的衣裤，包括袜子，看一看有没有毛糙的地方，有没有小洞洞，有没有掉了纽扣，有没有裤袢带断掉……发现问题，马上解决，绝不过夜。裤管起毛了，妈妈先是用同样颜色的线将开口处缝住，然后按照拷边的原理，再缝一次，开口的地方被线包了起来："这样……牢靠！"当发现裤子的膝盖处破了，妈妈先剪一块薄一点的布，垫在里面，这块布比破洞稍大一点，剪得方方正正的，然后用同样颜色的缝纫线来回多次、细细密密地给它缝好，乍一看，很难看得出已被缝补过。记事之初，母亲是一针一针地缝补；不过，我上小学时，家里已经买来了缝纫机，是"向农牌"的，名字很富有时代特征。母亲没机会拜师学艺，自己边学边做，以后就统统用缝纫机缝补衣服了。

我最欣赏母亲给裤子的屁股部分打补丁的手艺。小的时候，真不懂事，不管是什么地方，想坐就坐，想跪就跪，想赖就赖，裤子尤其会被磨破。不过，那个时候，即使是个好孩子，学校里的长条凳也不帮忙，东一根小刺，西一个毛尖，也极容易把裤子挑出线头来。裤子的屁股部分总是要抢先破损。屁股部位破损了，不久就会生出一左一右的两只"眼睛"来，此"眼睛"与走在后面的人的彼"眼睛"一对上，更加显眼，而且还有可能把短裤，甚至小屁股给露出来。母亲总是解决问题在先，她发现家里谁的裤子那个部位有问题了，就先用新的小的布条垫在里面，用缝纫机细细密密地缝好，再挑选颜色相同或者相近的布，根据原有裤子屁股部位的大小，裁出一块横8字形的布料，整整齐齐地贴在屁股上，再用缝纫机沿着边缘和中间位置，来回缝纫几趟。我用手摸过，有了那种补丁，裤子的这个部位真的牢固多了，而且从后面看，像是绣上了一种装饰物，很是美观。邻居也有好多人夸奖这样好看。所以有一回，母亲为我做了一条卡其布的新裤子，当时算是最好的料。我竟要求母亲给我新裤子屁股那里加个大补丁，母亲笑了："补丁是裤子破了补上去的，新裤子补什么？"

"有了这个，屁股底下的裤子就不会破，还更好看！"

"多此一举。"母亲还是笑呵呵的。

现在的大小孩子们，穿在身上的衣裤鞋袜，几乎都带有设计师们千奇百怪的设计，屁股上贴上一张笑脸，膝盖上加上几枝鲜花，裤管上接上一截厚厚的布料制品，鞋子里安装喇叭，背带裤上背着一个小熊猫（扁扁的，听说是用来护头的），其中当然也包括牛仔服上那些不规则的洞洞和毛边。这些装饰，有好看的成分，有实用的成分，也有提高价位的理由。

有心栽花花不开！母亲当时没有采纳我那"多此一举"的建议。当初如果采纳了，那不叫"多此一举"，而是"锦上添花"，也许她就会成为服装设计师，我也许会对服装设计充满热情。

回想起来，母亲留在孩子们衣裤上的那些补丁，不仅是对孩子的关怀、爱护，还是对孩子逻辑思维的培养和艺术追求的启蒙。

抚慰人生的大手

这双手，宽阔、厚实、灵活，有老茧、有疤痕、有残缺的指甲盖。那是父亲的手！有时有形，有时无形，忽明忽暗，时长时短，翻侧自如。

呱呱坠地，四肢乱撑，整个身体通过脑袋和屁股，就被一双大手托起。一手抓住衣领，一手轻轻地敲打着后臀，刚满周岁，就被推着蹒跚学步。上学了，这双大手擦去粘在指间的泥点，取出一沓厚厚的学费："爸爸要干活，姐姐陪你去。"从此以后，开学时、每周日，尽管时常听到"赚钱难"的唠叨声，但这双坚毅的大手总能准时地掏出几张钞票来，直至高中毕业。这是一双支撑我们生活的大手。

这双大手，可以劈出四层竹篾，可以日插两亩水稻，动作是那么娴熟，保质保量，曾经赢得几代人的夸奖。我和许多山里的小把戏们，都是这双大手的受益者。劈篾、捏油、撬筏、插秧……大凡有点技术含量的农活，都是在这双大手的指导下，慢慢掌握，逐渐熟练，熟能生巧，成为新的高手。"插秧时，左手不能放在膝盖上！"几十年来，这句话始终萦绕在我的耳畔。

人生如棋盘，我为盘中棋，父是掌控手，正确有鼓励，错误有纠偏，步步为营，着着取胜。窃以为自己所持有的诸如一见钟"勤"、钻研刻苦、红专结合、遇事坚韧等良好的性格与习惯，其源其根，就是来自那双大手的指点。

时光如流水，快速穿梭去。这双一直来抚慰我人生的大手，如今已皮肤松弛，皱痕累累，甚而微微打战。虽然总是说："要多回家看看我。"然而，每次午饭过后，他就会坚定而有力地挥挥这双手："你回吧，单位和家里都很忙。你回吧，回吧。"

这双手，总是向外推去，很少往里挪。透过这双手，以及这双手往外推的每一个动作，我真真切切地看到了他忘我的内心，包容的情怀，期待孩子们成长、出彩的愿望。

我真诚地感谢这双饱经风霜的大手。

竹　鞭

宜竹地区，泥土底下，竹鞭如同独处的匠人，远离喧嚣，避匿天日，不争荣光，漠视繁华，在空隙中享受风的抚摸、雨的滋润，无畏风云突变，任凭气象万千，孜孜不倦，默默无闻，聚精会神地编织着盘根错节、纵横千里的巨大的网。

漫山的翠竹不能相拥相依，竹鞭却让它们根连根、心连心。

竹鞭那洁白的尖顶，仿佛是细皮嫩肉，然而它表现得无坚不摧，早就为冲破种种阻碍做好充分准备，无论面对的是强大的敌人，还是狡猾的跳梁小丑，或者是居心叵测的奸诈小人。

竹鞭用金黄色的硬壳武装自己，表达了"冲过去，还要挺得住"的壮志雄心，把来自四面八方的重重的种种压力，看作是本来就应该与之斗争的病菌、虫害。

竹鞭有源源不断、滔滔不绝、面广量大的营养供给链，竹叶供给的来自高天,竹竿供给的来自大气,细毛根供给的来自土地,那些根连根、心连心的满山翠竹,为竹鞭输送信念,输送力量,是它坚强的后盾!

巧遇沃土,竹鞭像离岸的艇、离弦的箭、离膛的子弹,毫无顾忌,专心致志,直冲前方。

钻入坚硬结实的土层,竹鞭让自己变得更加结实,以"打铁自身硬"的豪情,冲破坚实的障碍。没有缝隙,挤进去、钻过去,排除万难,在生土中开出新路,顽强地相信"胜利在前"。

乱石崩天,岩崖嶙峋,遭遇恶劣地层,竹鞭亦无所畏惧,敢于并且善于前行,寻找缝隙前行,推开障碍前行,适度弯曲前行,沿着水流痕迹前行。你看它,顶起一块几十上百斤的大石头,继续前行;你看它,直冲过去,推走了本来稳稳地镶嵌在土坎边的巨石,深夜里撰写了"村边飞来石"的曲折故事;你看它,在巨石与巨石之间,把自己变得扁扁的、扭曲的、粗细不匀的、不方不圆的,丑陋的身躯却蕴藏着坚毅的雄心,穿过去,开拓新的生长空间,编织新的生命大网。

竹鞭,生在大地,长在大地,成就在大地!它在大地的胸怀里愉快地闯荡,形成了彻彻底底的向地性。偶遇沟沟坎坎,它无忘初心,铭记使命,很快就又会钻入地下,继续前行。任凭前方坎坷崎岖,咬定目标不放松,是竹鞭永恒的信念。

"别再向外延伸了,这里的深处水分充足。"高傲的水杉教导说。竹鞭没有理会,不久,竹林包围了水杉,水杉成了一枝独秀。"地表满是肥土,别花心思往地下钻了。"浅根的杨树劝导说。竹鞭还是没有理会,不久,竹子占有了阳光雨露,杨树渐渐枯萎、死去。

"干好自己的事""一张蓝图绘到底",竹鞭坚强地前行着,排除万难前行着。

探源"竹林鸡"

在我的脑海里，儿时就铭刻在记忆中的，一幅幅与鸡有关的画面，总是挥之不去——

拂晓时分，东方微白，竹乡山村，静得出奇，一只雄鸡，站立在毛竹林下一棵一人多高的梅树枝头，伸长脖子，颤抖着满身艳丽的毛发，发出洪亮的啼叫声。不久之后，村子里，袅袅炊烟，缓缓升起。

毛竹林边，一只大母鸡，耷拉着翅膀，边走边"咯咯"地叫唤着，有时还左顾右盼，遇到飞虫，还会一跃而起，敏捷地啄住虫子，然后口对口地喂给紧跟其后的小鸡吃。

傍晚，夕阳西下，几只公鸡母鸡、大鸡小鸡，从不同的方向走出竹林，迈着散漫的步子，边寻找食物边悠闲地走向搭建在住房边上的鸡窝。

这些难以忘怀的鸡，总是和家乡最为普遍的竹紧紧地联系在一起，因为它们就生长在竹林里。生长在竹林里的鸡，人们赋予其一个很土很土的称谓——"竹林鸡"。

竹林鸡，在大众眼里，只是佳肴而已，鸡肉色泽金黄、香气扑鼻、味美可口。然而，能令我不住地回忆的鸡，仅仅将它们作为佳肴来看，总觉得是不完满的。那还有什么呢？我自问。

我的家乡在天目山深处的安吉，一个美丽的竹乡。在我国，竹子，根植于神话传说和民间故事之中；竹子，描绘在西安半坡村距今六千年左右的仰韶文化时代的陶器上；竹子，运用在七千年前河姆渡的原始院落内；竹子，镶嵌在沉没久远的古城墙体里……这零零散散的记载表明，远在新石器时代，竹子已为人们所研究和利用。再读《尚书·禹贡》"三江既入，震泽底定。筱簜既敷，厥草惟夭，厥木惟乔。厥土惟涂泥……厥贡惟金三品，瑶、琨筱、簜、齿、革、羽、毛惟木……"我们可以得知，早在4700年前，以"震泽"（现属江苏苏州吴江区）为代表的，包括安吉在内的太湖之滨，满山遍野长满了竹子，这一地区的贡品中有"筱""簜"等。据专家考证，"筱"是小竹子，"簜"是大竹子，既然已为贡品，自然享有盛名。

深深翠翠的大竹海，是一个大宝库。勤劳的竹乡人民，在漫长的历史长河中，积累了丰富的综合利用竹子的经验，尤其是毛竹的综合利用，从竹叶到竹枝、竹竿、竹鞭、竹根，真可谓淋漓尽致！有人甚至在毛竹的空节里，注入白酒，白酒吸收了竹子的香味后，再将酒与竹子一同卖出，酒的价格连翻几倍。安吉在竹子利用方面，真是位居世界前列，创造了"世界竹子看安吉"的奇迹。

在毛竹林中散养家禽家畜，也是竹类资源利用的一个很好实践。在山区的家禽种类之中，从数量、品种、饲养技术、普及程度等多方面看，鸡一直占据首位。有资料显示，1930年代初，安吉县养鸡数量就在二十万只以上。

天目山区是著名的竹乡，竹林养鸡，极为普遍。山里人家，家家户户，屋后是山，山上长满了或是毛竹，或是各种品种的小竹。年初孵出的小鸡，每天放养在竹林间，啄食林间鲜嫩的树叶、杂草、草籽、昆虫，吸食清泉、甘露、树汁，它们在竹林间奔跑，在树杈上歇息，在没有污染的环境中成长，在竹叶丰厚的林地里下蛋。动，是竹林鸡区别于其他鸡种的显著特点，一整天，为了生存，它们很少停下来。由此，竹林鸡个头小，体形紧凑，羽毛光亮，结实肥嫩，肉质鲜美，还有股竹的清香，营养价值也就特高。

一直以来，以鸡为主的家禽是山区农户一项经济来源，在省吃俭用的前提下，有的卖鸡换钱，有的卖蛋换钱，在集体经济年代，甚至就有农户靠卖鸡蛋建起了新房。1980年代，随着农村经济结构和产业结构的改革，专业化养鸡迅速兴起，农村养鸡专业户、养鸡专业合作社、家庭农场等新业态蓬勃发展,商品鸡产量大幅提升。同时,商品鸡的质量、品牌和安全追溯体系建设不断得到重视,安吉竹林鸡涌现出了一批品牌产品,有的成为市、省,甚至国家级的名牌产品。

相传,八仙之中的张果老下凡云游,远看无边无际的竹海之中的杭垓镇岭西村,云雾环绕在竹海上空,景致恰似仙境,便停了下来。张果老倒骑着毛驴走在竹林里,不断地赞叹景色之美。走了一会儿,张果老下了毛驴,坐在一块大石头上取竹做鼓。这时他腰间的那只宝葫芦突然滑落下来,骨碌碌一下子滚出好远。这时,奇迹发生了——就在葫芦停住的地方,突然冒出三只毛茸茸甚是可爱的小鸡来,小鸡叽叽喳喳叫唤着,在竹林下的草丛中争相觅食。过了一会儿,张果老捋着胡须说道:"此乃人间福寿之地。"便骑着毛驴边走边敲打着竹筒鼓,逍遥自在地走了。这一切被山中一采药人看见,趁张果老走远,他便将三只小鸡捉回家中喂养。随着鸡生蛋,蛋孵鸡,越养越多,发展到整个村子的百姓都在养鸡,香喷喷的鸡肉成了岭西人招待客人的美味佳肴,而且成了当地人走亲戚的必备礼物。正是因为最早的鸡种是张果老的宝葫芦变的,岭西人便称之为"福寿鸡"。这一段民间传说,为安吉竹林鸡增添了浓厚的文化色彩和深厚的历史底蕴。

安吉竹林鸡一直受得到消费者的宠爱。来自四面八方的游客,参观了安吉的旅游景点之后,还会奔着"安吉竹林鸡休憩在树枝上""安吉竹林鸡吃虫、吃草、吃中药长大""安吉竹林鸡就在竹林子里下蛋"等有趣的信息,成群结队地参观养鸡场。安吉竹林鸡威名远扬,销售区域不断扩大,于是又有了安吉竹林鸡"上海超市大集合""坐着飞机奔市场""远渡重洋上餐桌"的故事。

天目山区所产的竹林鸡及其历史文化,享誉全国,影响世界,成为竹文化的重要组成部分。元代钱塘释明本禅师在《天目山赋》中就有名句"山鸡共日鸡同唱,天河与涧水合流"。天目山区的山,总是与竹连在一起,山上竹间鸡同唱,这是一幅极富生机的画面。安吉籍明代画家、诗人吴维岳的《宿山中》也有"鸡声入暮和云息"的诗句,山中竹间,鸡叫声伴随着晚霞一同入夜。著名画家齐白石、徐悲鸿、李苦禅、张书旂等,安吉书画家吴昌硕、诸乐山、张笃志、方遗勇等,都在作品中多角度、多形式、多层次地反映了竹子与鸡的那种亲密无间的关系。

"两亩生千竹,五彩缤纷硕果香;一园养百鸡,四季丰收菜花黄。"一个农业园区的入口处悬挂着的一副对联深深地印在我的心中,我就将它作为此文的结尾,留给读者一起回味。